书山有路勤为径，优质资源伴你行
注册世纪波学院会员，享精品图书增值服务

典藏版

TOC在供应链
及零售业上的大突破

醒悟

Isn't It Obvious?

艾利·高德拉特（Eliyahu M. Goldratt）

[以]　　**艾兰·爱殊谷利** (Ilan Eshkoli)　　著

　　　　　祖·布朗历尔 (Joe Brownleer)

罗镇坤　译

电子工业出版社·

Publishing House of Electronics Industry

北京·BEIJING

Eliyahu M. Goldratt with Ilan Eshkoli and Joe Brownleer: Isn't It Obvious?

Copyright © 2009 Eliyahu M. Goldratt

© 2013 Goldratt 1 Ltd

In memory of the author, the late Eliyahu M. Goldratt. Words cannot describe our esteem and respect for his lifeworks.

怀念已逝去的作者艾利·高德拉特，我们对他毕生著作及贡献的崇敬，非笔墨所能形容

ISBN: 978-0-88427-194-9

Simplified Chinese edition published by Publishing House of Electronics Industry by arrangement with Uniteam Hong Kong Limited, Hong Kong, China. Translated by William C. K. Law. All rights reserved.

Printed in the People's Republic of China.

全球中文版出版权拥有者：力天香港有限公司（地址：香港九龙湾宏开道 16 号德福大厦 1208 室　电话：852-26954929　传真：852-27952660　电子邮件：wlaw@tocnet.com）

本书中文简体字版由力天香港有限公司授权电子工业出版社独家出版发行。未经书面许可，不得以任何方式抄袭、复制或节录本书中的任何内容。

版权贸易合同登记号　图字：01-2011-5725

图书在版编目（CIP）数据

醒悟：典藏版 /（以）艾利·高德拉特（Eliyahu M. Goldratt），（以）艾兰·爱殊谷利（Ilan Eshkoli），（以）祖·布朗历尔（Joe Brownleer）著；罗镇坤译. —北京：电子工业出版社，2019.6

书名原文：Isn't It Obvious?

ISBN 978-7-121-36451-8

Ⅰ. ①醒… Ⅱ. ①艾… ②艾… ③祖… ④罗… Ⅲ. ①企业管理—研究 Ⅳ. ①F272

中国版本图书馆 CIP 数据核字(2019)第 083111 号

策划编辑：晋　晶
责任编辑：袁桂春
印　　刷：北京七彩京通数码快印有限公司
装　　订：北京七彩京通数码快印有限公司
出版发行：电子工业出版社
　　　　　北京市海淀区万寿路 173 信箱　邮编 100036
开　　本：720×1000　1/16　印张：16.25　字数：167 千字
版　　次：2019 年 6 月第 1 版
印　　次：2025 年 11 月第 15 次印刷
定　　价：69.00 元

凡所购买电子工业出版社图书有缺损问题，请向购买书店调换。若书店售缺，请与本社发行部联系，联系及邮购电话：（010）88254888，88258888。

质量投诉请发邮件至 zlts@phei.com.cn，盗版侵权举报请发邮件至 dbqq@phei.com.cn。

本书咨询联系方式：（010）88254199，sjb@phei.com.cn。

作者简介

艾利·高德拉特（Eliyahu M. Goldratt）

高德拉特博士是以色列物理学家、企管大师、哲学家、教育家、高德拉特全球团队的创立人。他曾被《财富》（*Fortune*）杂志称为"工业界大师"，《商业周刊》（*Business Week*）形容他为天才。他发明的 TOC 制约法（Theory of Constraints）为无数大小企业带来营运业绩上的大幅改善，包括国际商业机器（IBM）、通用汽车（GM）、宝洁（Procter & Gamble）、AT&T、飞利浦（Philips）、ABB、波音（Boeing）等。

高德拉特博士被业界尊称为"手刃圣牛的武士"（Slayer of Sacred Cows），勇于挑战企业管理的旧思维，打破"金科玉律"，以崭新的角度看问题。

高德拉特博士所著的第一本书《目标》（*The Goal*）被众多企业视为至宝。《目标》大胆地借用小说的手法，以一家工厂作为背景，说明如何以近乎常识的逻辑推演，解决复杂的管理问题，结果一炮而红。《目标》迄今已被翻译成 32 种文字，全球热卖突破 700 万册，被英国《经济学人》杂志誉为最成功的一本企管小说。经高德拉特博士多年的努力，TOC 现已涵盖的领域包括：生产、供应链及配销、项目管理、财务及衡量、营销、销售、团队管理、企业战略战术。

他所创立的高德拉特全球团队在各个国家和地区推动"可行愿景"（Viable Vision）项目，将 TOC 在企业界的全面实践提升至新的高度，"可行愿景"的战略战术可以大幅提升企业的盈利及所有部门的协同互动能力。

高德拉特博士创立了非营利机构 TOCFE（TOC for Education），将 TOC 带入教育界，让儿童及青少年学习 TOC，提高思维能力。

高德拉特博士的著作，以出版的先后为序列示如下，从中可见他发明的 TOC 涵盖面的广度。

- 《目标》本书阐述了 TOC 在生产中的运用。故事以工厂为背景，描述 TOC 如何带领一家工厂从危机四伏到逐步化险为夷，进而否极泰来的历程，讲述了许多突破性的管理新思维，引导企业持续改善经营业绩。

- *The Race* 本书以大量图解剖视了《目标》一书所引发的生产管理突破性新概念，著名的 "鼓—缓冲—绳子"（Drum-Buffer-Rope）生产管理方法在书中也有详细论述。

- 《大海捞针》（*The Haystack Syndrome*）本书从电脑资讯系统的角度看 TOC 生产，如何找寻及建立真正对企业有用的资料，即推行 TOC 时所需要的极重要资料。分析 TOC 生产排程、衡量、"成本世界"和"有效产出世界"等，对著名的 TOC 练习"P&Q"小测验也有深入分析。

- *Theory of Constraints* 本书解释了如何寻找瓶颈和管理瓶颈，著名的 TOC 聚焦于五步骤如何令企业持续改善，以及 TOC 思维方法的要义。

- 《目标 II——绝不是靠运气》(*It's Not Luck*) 本书是《目标》的续篇，讲述了营销、销售、配销及 TOC 思维方法。书中三家企业的故事，都是高德拉特博士的亲身经历，运用 TOC 达致突破性的解决方案。作者强调，企业的成败并不归结于运气。

- 《关键链》(*Critical Chain*) 本书讲述了如何运用 TOC 解决项目管理的三大难题(延误、超支、交货内容不符要求)，所描述的"关键链"项目管理方式比传统的"关键路线"(Critical Path)更有效，是项目管理技术上的一大突破。小说描述了一群来自不同行业的管理人员怎样在项目中一步步地寻求新出路，趣味性很强，实用性也很强。

- 《仍然不足够》(*Necessary But Not Sufficient*) 本书讲述了高科技的有效运用，如电子商务、ERP、MRP 等，这些高新科技都被认为能解决企业的大难题，但都十分复杂，投入了大量金钱和时间，却往往收效甚微。作者指出，高新资讯科技对企业来说是需要的，但仍然不足够，还需要有一些极重要的因素配合，才能令科技真正提高企业的运作效益。本书内容的时代感很强。

- *Production the TOC way* 本书附有光盘，内载 5 个著名的 "TOC 生产" 模拟器 310、312、350、360 和 390，模拟各种形态的工厂如何有效运用 TOC 达致营运上的大突破。这批模拟器都由高德拉特博士设计，书中有详细的使用说明及逻辑分析，这是学习 TOC 生产的最生动的方式。

- 《抉择》(*The Choice*) 本书风格独特，以高德拉特博士跟他的女儿对话的方式，来揭示 TOC 的深层次内涵，包括逻辑思维、双赢、冲突的化解、所有系统固有的简单性、如何以科学家的思维为企业的难题找出解决方案、人与人之间的关系等。作者指出，我们是否有完美人生，纯粹是我们自己的决定、自己的抉择。由于本书内容形式为充满智慧的对话，这使本书的可读性很高，可大大提升及扩展读者在 TOC 轨道上的思维能力。

- 《醒悟》(*Isn't It Obvious?*) 业界认为，这本小说比脍炙人口的《目标》更具启发性及震撼力。本书讲述了 TOC 在供应链上的应用，特别是零售业，也涉及零售和生产的互动，是 TOC 的一大突破。

译者简介

罗镇坤

罗镇坤是高德拉特学会总裁，负责在中国大陆、香港、澳门、台湾地区推广本书作者高德拉特博士所发明的 TOC 制约法。

罗镇坤曾在美国、以色列及英国接受严格的 TOC 高阶培训，获得了"钟纳的钟纳"（Jonah's Jonah）称号。他具有二十多年 TOC 实战经验，建立了分布于全国的 TOC 团队，以提供企业界所需的 TOC 顾问服务，帮助客户实施 TOC，显著提升企业的运作及盈利表现。参加过罗镇坤在各地举行的 TOC 公开及内训课程的学员数以千计，通过网上群组，他跟广大 TOC 粉丝紧密联系，向大家提供 TOC 的最新信息。

罗镇坤毕业于美国纽约州立大学，是一位特许工程师（Chartered Engineer），香港工程师学会及英国计算机学会资深会员、欧洲工业工程师学会会员、英国管理服务学会会员、美国电机及电子工程师学会（IEEE）会员、香港管理专业协会会员。

在投身 TOC 之前，他已有二十多年的管理经验，曾在许多大机构中担任高级管理职位，包括香港国际货柜码头、中华煤气、森那美、中华电力。他曾为各专业及工商团体作 TOC 专题演讲。

罗镇坤于 1995 年成立力天香港有限公司，负责在 TOC 发明人高德拉特博士的授权下制作及出版其著作的中文版。他是 TOC 系列图书《目标》、《目标Ⅱ——绝不是靠运气》、《关键链》和《仍然不足够》的审校者，《抉择》、《醒悟》和《大海捞针》的译者。

目　录

导　读

TOC 与供应链及零售业

高德拉特机构 区域总裁 罗镇坤

　　《醒悟》是高德拉特博士在 2011 年 6 月 11 日逝世前出版的最后一本企管小说，与之前出版的《目标》《目标Ⅱ——绝不是靠运气》《关键链》《仍然不足够》《抉择》一样，请让我在这里提供一些背景资料，包括他生前就这本书跟我进行的讨论所产生的资料，使大家阅读时获益更多。

　　作者高德拉特博士是以色列物理学家、"制约法"（Theory of Constraints，TOC）的发明者。他的成名作《目标》以生产管理为主线，《目标Ⅱ——绝不是靠运气》以配销管理及如何破解冲突等问题为主线，《关键链》主要谈项目管理，《仍然不足够》是关于科技的有效运用，《抉择》是 TOC 最高层次思维的演绎，而《醒悟》以零售业为主线。贯通六书的理论基础，仍然是 TOC。

醒悟是指什么

高德拉特博士指出，幡然醒悟，就是科学家们一个常用的标准，用来判断他们是否为一个难题找到了好的解决方案。你为一个难题废寝忘食、绞尽脑汁、奋斗多年，一天早上醒来，你突然用力一拍脑门，大呼："噢！答案就在眼前，那是多么的明显啊！为什么我到现在才发觉呢？"这就是醒悟。如果你有这种感觉，那你才可以肯定你真的找到了一个好方案，否则，你应该怀疑你手中的方案还是不够好。

这并非暗示好的方案会很容易找，像从天上掉下来那样。事实上，这样的方案往往是最难找的，但一旦幡然醒悟的感觉出现了，你就知道自己大功告成了，并且你可以坚定地说方案一定是可行的。面对难题，你必须不懈地努力，不管出现了多少个所谓的方案，都不要停下来，继续加把劲儿，直至幡然醒悟的感觉出现，在那一刻，你就知道自己双手捧着的是一个真正的好方案了。

零售业

《醒悟》触及的零售业可以说是最容易跨进的行业，小小的夫妻档就可以在街道的一角开起一家小店来。运作方式也很简单，只是将货买入，然后卖给上门的人们，一手交钱一手交货而已。管理得法，零售是最容易赚钱的，不少跨国大集团，什么都不干，只专注零售一项就足够了。

但零售也是最难做好的，狭窄而昂贵的陈列空间，要放什么在货架上才对？店铺应该进哪几种货？每种进多少？你怎么知道这些货一定能及时卖出？卖不出的代价是什么？你有办法令店中每种货的销售预估更准确吗？

另外，顾客在你的店中找不到他要的东西，扭头就走了，你知道这涉及的损失是多少吗？你因此推论，要有高的货品可得性（availability）。要多做生意，你必须持有高库存，但高库存需要庞大的投资，起码相关的陈列空间及货仓也要大一点，钱从何来？

所以，零售业也是失败率最高的行业。你今天在一座大型购物商场看到的众多五光十色的店铺，你两年后再来，数一数有多少家还在那里，你就能感受到这当中流淌过多少血泪。

零售供应链管理是很多课程及书籍的热门题目，这些常规的学说是否能彻底解决上述难题呢？它们大都聚焦于如何令预估更准确一点，但有谁真的能够准确地预测未来呢？

书中呈现的 TOC 方案不在预估这个泥潭里打滚，真的能够针对上述大难题。小至夫妻档的小店，大至跨省跨国界的零售大集团，都可以用得上。书中的零售集团卖的是家用纺织品，所表达的逻辑也完全适用于售卖其他产品的零售店，只需将相关库存周转率（inventory turn）代入便可。家用纺织品的库存转数是每年两次，超市是三十多次，时装店是四次，珠宝店是一次……

供应链中的制造商、物流仓储业者、批发商、采购站、分销／代理商、品牌拥有者又如何

故事以零售为主线，这是不是暗示，这本书对供应链中众多的其他环节的广大业者来说是不相关的？

绝对不是！

零售只是供应链最末端的一环，直接跟消费者打交道而已，零售要做得好，供应链上游各环节的表现及互相配合的程度也极为关键。书中有章节描述零售集团的采购主管远赴印度跟制造商（供应链的另一端）谈判，最后达致双赢的突破性安排，这就是一个例子——中国的广大制造商也可以从章节中得到灵感，知道怎样跟隔山隔水的零售商（及市场）进行紧密而有效的互动。

举另一个例子，书中有一个违反常理的突破性建议——要在货运码头旁边盖一个大仓库，个中奥妙何在？是不是无事找事？从事物流仓储业务的朋友们要详细了解，动动脑筋，领略一系列新思维，这只不过是其中之一。

建议供应链中的制造商、物流仓储业者、批发商、采购站、分销／代理商和品牌拥有者跟零售商一道，一起来琢磨书中的重要信息，合力把供应链搞好。事实上，当今的世界再也不是企业与企业之间的竞争，而是供应链与供应链之间的竞争，以供应链之长，有很大机会会涉及外国人，因此供应链中的人要有全球思维和视野，要坚持双赢、多赢，才能成功。

TOC 配销及供应链方案

《醒悟》提出的是"TOC 配销及供应链方案",这其实在《目标 II——绝不是靠运气》《仍然不足够》《抉择》中已不同程度地介绍过了,但以零售作为作者表达这个方案的主要场景,还是第一次,也是唯一的一次。

在书中,"TOC 配销及供应链方案"是怎样找出来的呢?幡然醒悟的感觉、显而易见的漂亮方案是怎样突然冒出来的呢?跟《目标》不一样,《醒悟》一书中没有一位像钟纳那样的智者来激发书的主角——零售店经理淮德——在危难中的思维,而是讲一群人怎样在一场大事故的处理中得到震撼性的启发而幡然醒悟,摸索到截然不同却十分有效的新方向,进而永远告别大事故之前的老路。

当然,要决然踏上新路,是要打破不少"金科玉律"的,要克服一个又一个障碍。这一点,高德拉特博士的粉丝们已惯性地、理所当然地预期着了。破旧立新,是他在每本书中最具魅力的标准动作。破什么旧?立什么新?为什么要破?新的为什么比旧的好很多很多?解答这些问题的引人入胜的过程是高德拉特博士的书的特点,《醒悟》当然也是如此。

实施项目一定会遇上的拦路虎

"TOC 配销及供应链方案"在全球已有无数成功实施的案例。我们的实战经验显示,如何令各方认同方案的建议并全心全意地配合执行,"TOC 配销及供应链方案"用的动员方法要异于 TOC

生产等。(在 TOC 生产方案中,争取认同的入手方式是由上而下的,先改变领导层的思维,这是对的。)

如果"TOC 配销及供应链方案"一开始就有领导层的支持和认同,那当然好,但这往往不容易办到——我只是一家小分店的经理,我怎样去影响几千里外的董事长,要他建立新思维?难道我要因此放弃,连书中的好主张也不能在我的店中实行了吗?

高德拉特博士指出,由下而上实施"TOC 配销及供应链方案"是可行的,也必须懂得怎样才可以办到。

每个人对这个方案中的新事物一定都有抗拒、疑惑,要有方法、有决心,一层一层地克服。第一层是你自己,第二层是你的下属,第三层是与你同级的同僚,第四层是你的上司,第五层是企业外人士。每层就是一只不同的拦路虎,所涉因素都不同,绝不能轻视,书中有章节详述如何有系统地劝服各方消除疑虑,同心协力,一起迈步向前。请特别留意。

前五本书都没有触及的话题

故事的场景是一家零售集团,老板白手起家,从一家卖家用纺织品的小店做起,经过多年奋斗,已发展成为一个拥有 100 家分店的零售集团,现在他年事已高,要面对退休及企业承继的问题。他有一子一女,长子对继承父业不感兴趣,故意避走远方,从事风险投资,令父亲十分失望和气馁,被视为开小差的叛徒。而在他的公司内担任采购部主管的女儿十分能干,敬业乐业,但对由她来承继大业的构想感到十分恐惧，担心自己的能力远不足以肩负重任，认为哥哥才是适当人选，并暗自发力，企图把他推到前台。

她的丈夫（书中主角）是在她的影响下投身到这个家族企业的，他已在公司内担任过不同的岗位，表现都非常卓越。他很有志气，他坚持一个原则，那就是，他在企业内的任何晋升都必须是通过他的工作表现和能力堂堂正正赚取到的，他不希望任何人感觉他是靠作为老板的女婿这种特殊的关系而爬上高位的。

而现在他正面对他迄今最大的挑战和苦恼，他出任一家分店经理已经三年了，表现却乏善可陈。他用尽办法，业务仍极不顺畅，就是无法解决上文提及的零售难题，而高层已在酝酿把他调走，升任至总部一个高级位子，这违背了他坚持的以绩效晋升的原则。所以，他已暗自下定决心，如果再也无法在短期内令零售店的业绩大幅改善，他就毅然引咎辞职，而绝不接受名不正言不顺的晋升。这当然令太太很不好过，她在担心自己没有能力挑起父业担子的同时，又要面对丈夫可能离队的困惑。

这位日坐愁城、焦头烂额、其实颇具才华的分店经理跟开小差的叛徒却是多年深交，明白他叛逃的苦衷，但又爱莫能助。

高德拉特博士向我指出，他想借《醒悟》一书带出一个前五本书都没有触及的话题：以家族忠诚为纽带的家族化经营仍然是当今举世最普遍的经营方式之一（零售业的全球超级霸主沃尔玛也是家族企业），家庭中的关系与业务是互相影响的。忽视家庭中的团结和睦，业务是提振不起来的；业务每况愈下，家庭中的关系也不会好到哪里去。业务上的难关渡过了，家庭关系也会升温，怎样妥善处理两者是一大挑战。这本书所展现的家族矛盾，比一般的争权争宠、抢夺家产、各据山头、钩心斗角更要命、更难处理，这也是《醒悟》令全球千万读者着迷之处。

不断探索、实践和学习

TOC 系列作品的读者主要是企业管理人员，一般都很忙，为方便他们抓紧时间阅读，我特别在书的末端加上书中人物的"角色关系表"，因此就算没有时间一口气读完，每次翻开小说，在这张表的协助下，仍然可以很快地重新投入小说中的情节。这个功能是否真的带来好处，希望读者告诉我。

读《醒悟》只是一个起点，接下来一定要不断探索、不断学习，才能牢牢掌握及运用好 TOC。高德拉特博士创立的全球性"高德拉特机构"提供各种 TOC 服务及学习渠道，也开展 TOC 实施项目，帮助企业全面推行 TOC。

作为高德拉特机构区域总裁，我深感任重而道远，希望借着《醒悟》这本书，结合对 TOC 有兴趣的企业和人士，形成一个网络，共同探索、学习和实践 TOC（请参阅书后的读者调查表）。在 TOC 的道路上，我们起步虽然比欧美国家晚，但已渐渐积累了一些实践经验，TOC 也为越来越多的人认识和了解。我拟将自己应用 TOC 的经验整理成书，与大家共同分享。我深信，只要各方共同努力，TOC 一定可以为更多的企业带来骄人的成绩。

第 1 章

一天也熬不下去了

Isn't It Obvious?

"五折大减价!"

望着巨大的红色标志,淮德正纳闷,怀疑他的梦想到底出了什么问题。他想:"我真的再也没有力气这样过日子了,一天也熬不下去了。"他喝了一口手中那杯新磨的咖啡,深深地吸了一口气,挺直腰板,拽了拽身上的标准蓝色上衣,走进汉娜零售集团博卡拉顿滩分店。

跟外边的巨大标志一样,商店里到处都装饰了宣传折扣额的红色小标志。作为商店经理,他对这次促销寄予了厚望,然而,结账柜台前的人龙并不比平时长,货品仍然堆得很高,较低的售价还是不够吸引人。淮德伸手拨弄他那变白的头发,无奈地耸耸肩。

还有什么别的可以做呢?

这家商店并不是很成功,这已不是新闻了,但今天早上淮德收到的月度报告显示,在这个区域的十家分店中,博卡拉顿滩分店的盈利已下降至第八位,这是他的新低。

淮德试图摆脱不安的感觉,他走动了一下,穿过总面积达35 000平方米的六个部门,这些都是他管的。他走过精心陈列着蓝色和绿色床单及羽绒被的部门,停下来看看刚设立的模拟浴室,厚厚的、像人身体那么长的浴巾就挂在浴衣旁边。对面是厨房纺织品,在那里,围裙和毛巾一同摆放,旁边的桌子上放置了桌布、餐巾和秋季色彩的餐垫,地毯部展示了来自全球不同颜色和纹理的地毯,后面是可滑动的窗帘,有黄色、金色和银色。

这家商店的货品一向种类繁多，他努力保持店中的陈列是最漂亮的。为了不断捕捉顾客的口味，淮德已制订计划，店中陈列改变的频度要达到前窗的两倍。商店提供具有吸引力的价格并开展促销活动，但销售仍然没有起色，还有什么别的可以做呢？

一位年轻的员工走过，向淮德打了个招呼，他报以满脸的笑容，但他的内心在推算着，如果他不能增加销售，员工就要被解雇了。他不想这样做，但每辞退一名员工就意味着一年可节省大概两万美元。他环顾四周，虽然现在不是假期销售高峰，但所有销售人员都挺忙碌，要辞退他们而不危害销售是不可能的，商店的人力成本还算合理。

那么，还有什么别的可以做呢？

"麻烦你，小姐，"淮德看见一位戴眼镜的老婆婆问珍妮——他的一个部门经理，她指着栗色桌布，问："这种有 60 厘米长的吗？"

"恐怕没有。"珍妮回答，"栗色的，我们还剩下两块 90 厘米长的，而 60 厘米的就只有蓝色和米色，你可以选其他颜色吗？不同的花纹图案考虑吗？"

"不，谢谢了。这是买给我姐姐的，栗色是她最喜欢的颜色。"

老婆婆失望地转过身去，淮德向她走来。"对不起，夫人。"他插嘴，尽管他身高 180 厘米，但他尽量不让她感觉自己高高在上，"也许我可以帮你，你让我查看一下附近连锁店有没有你要的桌布，好吗？"

她同意了，淮德马上打电话给贝恩顿滩分店："加里，你们有栗色桌布吗，货号 KTL1860？要 60 厘米的。"

"让我看看。"加里以浓重的鼻音说。淮德听到他在电话的另一端跟工作人员说话，然后回答淮德："对，有的，但只有一块。"

"我有一个顾客想买，可以把它发过来吗？"

"对不起，淮德，办不到。"

"我猜，这就是你们所谓的团队精神吧。"淮德转动着眼球，苦涩地说。

"如果你真的想谈团队精神，就别要我发桌布给你。何不叫顾客到这里来买？这对任何人来说，都少了很多麻烦。"

淮德对这位同事很失望，决定尝试另一种策略。他致电区域仓库经理鲁泽，他们的女儿上同一所学校，两家人是朋友。"嘿，鲁泽。很抱歉打扰你，我有个请求，可否弄来一块桌布，货号 KTL1860？"

"……当然可以，淮德。我可以将它加至下星期三装运的你那批货中。"

"谢谢你，鲁泽，让我跟顾客确认一下，一会儿再回复你。"

淮德挂断了电话，转向老婆婆，"夫人，很高兴告诉你，桌布在星期三到货。"他以最佳的客户服务笑容说。

"哦，我不能肯定。"她冷冷地说，"星期三我很忙，我不想在最后一分钟才赶来买，也许，我有空时再来逛逛吧。"

淮德沮丧地目送她离开商店，他暗自埋怨自己为何干预此事。他刚才其实正好把自己左右为难的困境加剧了，几乎可以肯定，这位老婆婆将不会回来买桌布，这意味着这块桌布最终会变成店中的"死货"。他已在搞大减价，试图把店中的"死货"以很低利润或根本没有利润的价格清除出去，没有必要在店中堆满销售不够快的货品了。如果他不订这块桌布而她却来了，她会极为失望，他失去的将不仅是一笔生意，连顾客也丢失了。冒丢失销售的风险还是冒库存过高的风险？这个矛盾让他陷入困境。难怪商店的利润无法提高，但愿他能确切地知道顾客会买什么⋯⋯

他再度致电鲁泽："鲁泽，运桌布过来，当回到办公室时我会马上填写特殊订单，期望有人会来买。"然后他又加上一句，"鲁泽，你的库存中有水晶球吗？"

"我已向总部申请了两个，他们说要等好长一段时间。"隔着电话筒都能听见鲁泽的笑声。

淮德挂断了电话，再次问自己：要提高商店利润，还有什么别的可以做呢？答案很简单，没有。销售与库存过高是个矛盾，只有水晶球可以帮助他解决。

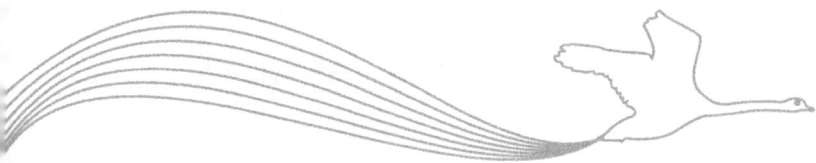

第 2 章

当最后一年董事长

Isn't It Obvious?

　　嘉露走到父母的海滨房子的阳台，手中拿着父亲的手机，掩上身后的玻璃门，从玻璃的反射中可以瞥见她的孩子们在大草坪上玩接球，位置就在房子和海湾之间。她父母最近装修过的阳台四周种上了一排棕榈树，在夕阳余晖下拖着令人舒畅的树影。

　　嘉露大步走向她的父亲和他的左右手祁道发，她从丈夫淮德背后走过，他正在跟她的母亲和祁道发的太太积姬深谈。

　　"我认为，穆尼兹的艺术作品真了不起。"嘉露的母亲丽迪雅说，"是一个伟大的贡献。"

　　"展览安排得真好。"积姬转向嘉露，问，"亲爱的，你有没有出席迈阿密艺术博物馆周年纪念展览的开幕式？"

　　"没有，我当时在国外。"她回答。

　　"我带丽莎和宾恩去参观了。"淮德笑着说。

　　嘉露拍拍他的脸颊，说："我猜想，孩子们很开心吧。"然后走向烧烤炉。

　　"爸爸，你真像宾恩那么健忘。"嘉露对恒莱说，并将他的手机交还给他。两人确有不少相似之处，女儿继承了恒莱的一头黑发、锐利的棕色眼睛，以及他顽强的斗志。这位壮实的、富有魅力的老人家对忘记带手机显得有点惊讶。

　　"它很挂念我吗？"他开玩笑地说。恒莱停止转动烤架上的汉堡牛肉，迅速打开手机，看有没有错过任何重要信息，发现并没有新的来电或新的文字短信。他把手机放到他的口袋里，然后指着正在玩接球的孙儿们，继续说："如果宾恩继承了我的记忆力，我希望他也继承了我的接球能力。祁道发，你记得那场对迈阿密高中的棒球赛吗？"

祁道发的确比他最好的朋友兼老板高出一大截。"是的，我记得那场无安打比赛。我也记得先前我们讨论过嘉露希望在计算机系统中加入的改动，我真的认为必须停止加入新的改动。"

"我知道，我的部门真的需要新功能，不是也许需要。"她急切地辩解。嘉露是汉娜零售集团采购主管，她在所有采购环节都力求完美。"它将令我们在管理投标和定价时更加有效率。"

"亲爱的，"祁道发回答，"我们不应不断地改动，没完没了的所谓改善造成运作障碍已一年多了。够了，在未来一段短时间内由我来发号施令吧。现在，我要你接受的是，这些改动很可能意味着一场灾难。"

恒莱插嘴："我认为我们可以先考虑她的建议，看看长远来说是否令我们省点钱，叫计算机部下星期三之前交评估报告过来。"

看到淮德加入了孩子们的接球游戏，嘉露才猛然发现，她又把宝贵的美好时间浪费在公事上了。孩子们成长得那么快，在她觉察之前，家庭快乐有可能已变成模糊的追忆了。

"好的，爸爸，我将尽快拿出评估报告。"她说，然后从阳台一角抓起接球手套，飞身跳到宾恩和丽莎之间。"也算我一个！"她喊道。

＊＊＊

甜点奉上之际，恒莱站了起来，他看着这一小群家人和朋友，他们都为庆祝丽迪雅的生日而来。嘉露、淮德和他们的孩子、恒莱的左右手祁道发和他的妻子积姬、丽迪雅的童年朋友歌利亚和她现在的丈夫。

"大概 40 年前，我爱上了走进我母亲商店的最美丽的姑娘。"恒莱握着妻子的手回忆着往事，"我马上知道，我希望余生都和你一同生活。正如你多次说过也说对了的，我实在花了太多时间在工作上，现在是时候让我的心愿成真了，今年将是我当汉娜零售集团董事长的最后一年。"

"恒莱，亲爱的，你永远不会离开它——你太爱你的公司了。"丽迪雅打趣说，"这是你的宝宝。"

"所以，我把它交给我的另一个宝宝。"他回答，"嘉露将令一切完美运行，完全不需要我。"

淮德僵在他的座位上，而嘉露开始抗议："爸爸，还不是时候，也……"

"大伦叔叔！"13 岁的宾恩狂喊站在阳台入口正静静微笑着的一头黑发的英俊型男。

"惊喜！"大伦叫道，他走过去和丽迪雅拥抱，"生日快乐，妈妈！我本应早点到，但在拉瓜迪亚机场遇上延误。"

恒莱责备道："如果你在迈阿密工作，就不会延误。然后我们可以多看看那对双胞胎，而不是只在假日。"

"也很高兴见到你，爸爸。"嘉露的哥哥在侄儿和侄女之间坐下来，给每人一个拥抱。"但你刚才是不是正在说，你很快将有更多时间，也许用于照看孙子？"

"你想吃点什么吗？"丽迪雅插嘴说，她一如既往地在丈夫和儿子之间提供了一个缓冲。"我们可以烤点汉堡牛肉，很快的。"

"不要了，谢谢妈妈，我吃你做的双份美味甜点就够了。"

嘉露走过去，吻吻哥哥的脸颊。准德将蛋糕递给他的老室友，说："我们要谈的事情很多。"

第 3 章

一定要由基层做起

Isn't It Obvious?

"我可以租车，你知道的。"大伦一边说，一边扣上安全带。

淮德坚持驾车送他的大学老室友去机场。"我们进行平静的对话，只有我们俩，那是很久之前的事了。我认为我应该抓住机遇。"淮德回答，等待着交通灯转变。"那么……你最近见过什么特别的人吗？"

"你在我母亲身上下功夫？没有，目前还没有，工作已占据了我太多的时间了。"

"一些大项目让你连晚上也忙着？"淮德一边问，一边把他的切诺基驶进长堤大道，交通不算拥挤。

"我正参与若干项新举措，每项都可能一夜之间变成大买卖。"大伦回答说，他的灰蓝色眼睛闪闪发亮。"风险投资是充满惊奇的世界，其实，昨天我出现之前 15 分钟，我刚谈完一笔交易。"

"我还以为你来佛罗里达州是为了庆祝你母亲的生日。"淮德说，"无论如何，我相信，现在你不必为每笔交易如此劳苦，机会应该在追逐你而不是相反，对吗？"

"是的，我也是这样认为的。"大伦说，手指轻敲着车窗，望着海中的波浪。"但是，在我找到自己的真正定位之前，这就是工作模式。你要具备顶尖专家的声誉，才会被机会追逐。"

"我明白了，所以，在达成这个之前，你只能辛劳致死，好让某些人能拿取一点长远利润，而留给你的只是中介费。难道你不想成为大老板，而非只是中间人？"

"停一停，我知道你想说什么了。"大伦在座位上转了转身体以正视他的妹夫，"你说的是关于投资还是关于家用纺织品？"

"我认为你应该考虑回到公司来。"淮德坚定地说，一边把车转入 I-95 公路。他继续说："我们都知道，恒莱一直希望你成为他的继任人。"

"我回来营运爸爸的公司是不可能的，我已搬到纽约，决定自己闯一番事业。"大伦断言，"更何况，依我所见，家用纺织品是一个慢吞吞的行业，一成不变，而在风险投资业里，只有天空才是极限，永远有新的发展方向，有令人兴奋的事物在前头。"

"是啊，也许你是对的。"即使劝服他难度很高，但淮德认为仍然要试探一下大伦的决心有没有回软，看来没有。

"我当然是对的。"大伦回答。"还有，嘉露将是一个好董事长。"

"她将成为一个伟大的董事长，但出现这种情况，我就无法离开公司了。"

"离开？"大伦真的很惊讶，"你在说什么？"

"大伦，你知道，这家店正卡着我。"

"你以前也被卡住过，而你每次脱身都令大家感到惊喜。你在收购部时曾很焦虑，然后你定出一套精明的原则，规范了新店的开设，这些原则很多都已被纳入公司的扩展计划中。我知道，你比你自己所想象的还要强，淮德先生。"这位英俊的风险投资家从来没有见过他最好的朋友如此意志消沉。为了提振淮德的情绪，大伦继续说："还记得在大学的最后一年吗？你用尽借口跑到佛罗里达州去见嘉露，学业因此落后了，尽管如此，你的成绩还能名列第三位，我深信这次你也能够找到冲破困局的出路。"

"我希望能认同你的信心。"淮德耸耸肩，"我接手博卡拉顿滩分店至今，商店在排行榜上一直下跌，本季度已降至第八位。"

"那么，也许你不应该管店铺了，你拥有截然不同的智慧，管理大系统的智慧，下次大促销，你会重新找到你的方位，击中要害。"

"还记得我投效公司时所提出的条件吗？"淮德问了一个修辞性的问题。

"不走捷径。你想从基层做起，由一个岗位迈向另一个岗位，来认识公司的每个环节。"

"对。"淮德说，"不走捷径就是指我坚持不晋升，除非我真的值得晋升。家父教导我的最重要一课是，获得一个你没有付出努力就赚取的奖牌，最终损害的是你自己、你的自尊、你的诚信。"

淮德教练的金玉良言又来了，大伦想，这些跟父亲冲口而出的规则几乎一样糟。

淮德继续说："从战壕开始工作，慢慢往上爬，是我的主张，而不是娶董事长的千金，然后空降至某行政职位。大伦，你不想只当某某人的儿子，那么，为什么当我说我不想只当某某人的女婿时，你会惊讶？"

“我不明白其中的问题。你在公司内东奔西走，经验良多，你的每一步都证实了你的价值，你还要求什么？”

“几乎每一步。”淮德反驳，“在所有其他部门，我都做了改动，不一定是最大的改动，但都能留下某种不错的印记，而在这里，在汉娜零售集团的核心业务——管理一家商店，我却失败了。也许这是由于我被派遣的商店的地理位置最差劲，也可能由于我的顾客群都是大富之家而集团却以中产阶层为服务对象吧。所有这些借口都改变不了的事实是，在最关键的环节我没有证实我的价值。”

“也许你只需要多一点时间？”大伦说。

“这正是我的问题，我没有多少时间了。”淮德显得很郁闷，“我待在这里已经三年了。一年前，让我晋升的压力就开始了，因此为了争取时间，我尽量拖延。但从我的表现看，有那么多其他人值得比我更早晋升。大伦，如果你了解我的话，你就会清楚地知道，我永远不会接受晋升，不行。”

淮德闪避了一辆高速行驶的摩托车，接着说：“不管怎样，晋升已在酝酿，迫在眉睫，六个月内，我想我应该在学习下一个部门的经营窍门了。直到昨天晚上，我还以为有半年时间，要么改善部门销售，要么辞职，然后恒莱一手把这个选项也毁掉了。”

大伦问：“为什么？就因为他把公司交给嘉露？这个问题是不可避免的。多年以来，每个人都知道有这个计划，这为什么会阻止你离开？嘉露会明白你所处状况的复杂性，她不会介意的。"大伦想：如果淮德辞职，也许可以让父亲认识到这家公司不是他想象中的人间天堂，不是每个人都适合在那里。

"只要晋升还只是在计划中，我还有时间。"淮德解释说，"坦白地说，恒莱老是说要退休，但直到昨天，他从来没有提出具体日期。我们都假设那将是很多年后的事，而到那时，孩子们都已长大了。"

"孩子？你的意思是你的孩子？这有什么关系？"

"目前，"淮德回答说，"由于业务的波澜不断，嘉露要经常往海外跑，所以我和宾恩及丽莎就在家里。当上了董事长，她能给孩子们的时间就更少了，你也很清楚，要我找一份合适的工作而不需要花大量时间出差是不可能的。如果我在公司内晋升，我还有办法应付，只要我跟嘉露协调各自的出差时间，不撞在一起，就可以了。但如果我离开汉娜零售集团，在外面的机构，我是不能这样做的，这意味着在孩子们成长的关键时刻我俩都不在，而丽莎只有九岁！"

"而你不会认为你的自我实现比嘉露的更重要或比孩子们的需要更重要。"大伦总结道，他真正了解他的这位朋友。"你不要求她放弃她的梦幻任命，反而要求我从她手中将职位偷过来？"

"但这不是她的梦幻任命。"淮德说。

"你在作弄我吗？汉娜零售集团是她的生命。"大伦给了淮德一个搞怪的表情，"她曾说过不想要这个任命吗？"

"不是用这样的字眼。"准德回答，"情况是，嘉露一直在说采购部极适合她，就像手套一样。预测市场趋势、选择新的产品系列、从供应商那里挤压出最佳价格，她都那么擅长，这就是她喜爱的。她讨厌当董事长、最高管理者，整天沉浸在数字和烦琐的、以自我为中心的办公室政治之中，我知道她会很惨。"

"所以，你要求我骑着白色骏马，挥动宝剑，在一阵狂风中把董事长宝座拿下来，勇救淑女，拯救苍生吗？"大伦不禁微笑，"好家伙，我至死不渝地喜欢你，但你的要求有点过分了。"

"我知道，我知道。"准德道歉，"但这值得一试。"

"我猜，你必须坚持。"

"是啊。"

"你打算离开，嘉露的反应怎样？"

"我还没有对她说呢。"准德把车子慢下来，让一辆灰色的旅行车超越。"我无法找到一个适当的方式来告诉她，多年以来，她都说可以和我开车一同上班是一大乐事，我不知道怎样告诉她这种情形将不会出现了。"

当车子驶进迈阿密国际机场时，大伦说："你必须告诉她。如果有一件事是我从我那次离婚中学到的，那就是，有什么事情困扰着你，越早提出越好。"

车子在离境航站楼外停下来，准德回答说："我知道，我只需要找出适当方式开口。"准德盘算着，当适当的时机来了，他会告诉嘉露，在此之前，他希望能有解决方案出现，令沉重的对

话完全不需要进行。

　　"如果你最终离开公司，"大伦一边说，一边打开车门走出来，"给我打个电话，你知道我很欣赏你的才干。"

第4章

水 灾

Isn't It Obvious?

　　淮德在刷牙，他的手机响了，嘉露伸手横越大床到他的床头柜，拿起来接听。

　　"哦，我明白了。"她一边说，一边爬起来走向浴室。"亲爱的，警报系统公司找你。"

　　他快速洗了下脸，拿起手机。

　　"什么事？"

　　"淮德先生，我是格兰伯里紧急服务公司的黛拉，博卡拉顿滩商场的 A-5 仓库被测出有漏水。"她的声音是刺耳的，淮德接完了电话，回头继续刷牙。拥有手机最麻烦的一件事就是，那些监控警报系统的人可以随时随地把你逮着。

　　他刚刚提上灰色休闲裤，手机又响了。

　　"早上好，铁登。"淮德爽朗地跟他的店面经理打招呼。"新产品系列将到，店中一切都准备好了吗？"

　　"是的，但我们遇上了大麻烦，很大的麻烦。"铁登一说，淮德的微笑消失了，"仓库天花板上一条水管爆裂了，到处都是水，他们刚刚关了总水闸，一会儿我就可以进去看看。"

　　"你说的，到底是多少水？"淮德问，并坐下来穿袜子和鞋子。

　　"我不知道，很多，我不知道损失有多大，但我从卡飞书店的亚尊那里听到，他们的所有货物都毁了。"

　　"我马上回来。"

　　淮德告诉嘉露相关情况，请她为他缺席早餐向孩子们道歉，然后冲出家门，手中拿着外套和领带。

淮德一边驶向 I-95 公路，一边致电他的店面经理。

"铁登，给我一个简短的报告。"

"看来，大部分箱子都没有被波及。"铁登告诉他。淮德松了一口气。"我们正把受损的箱子搬到楼上。"

"箱子一到楼上，要有工作人员查看有多少货是可以挽救的，但其余的箱子也要保住。"淮德要求说，"湿气和气味很容易侵入纺织品的。"

"应该搬到停车场吗？"

转入州际公路之时，淮德快速做了一个决定："不，不要搬离店铺，半小时内再致电给我报告最新情况。"

他的吉普车以前所未有的速度飞驰。

淮德尝试了五次，在经过卡阿文图拉时，他终于接通了商场经理的电话："卢耳，我是汉娜零售集团的淮德，我在赶来商场的途中，情况有多糟糕？"

"淮德，我现在也说不清，别担心，一切都在掌控中，我们的承包商已经来了，我相信在三四天内一切都会恢复正常。"淮德还有问题要问，卢耳却挂断了电话。

正当淮德驶向迪尔菲尔德滩时，铁登来电话了。

"什么事？铁登。"

"我们集中了所有受损的箱子，正在检查其中的货物。"他说，"米克和伊莎贝刚到这儿，所以我们开始把其余的箱子都搬上来了，正如你所要求的。"

"谢谢，铁登。大概十分钟内我会到。"

淮德很感欣慰，他的最主要的下属当天早到，有一个可信赖的人在场，总是好的。

淮德驶进他的专用车位，不禁呆呆地看了看放在停车场的一堆堆湿漉漉的书籍和鞋盒。天呀，他暗叫，损失确实惨重。卡飞书店老板卡登诗正站在装卸区，呆若木鸡，景象实在令人吃惊，淮德开始担心铁登是否低估了对店中货品所造成的破坏。

淮德从装卸区钻进他的商店，一个店面人员和他的手推车正在等电梯，淮德向他点点头，大步走过他的办公室，这位博卡拉顿滩分店经理要全面看看商店的真正情况。店内，在庆祝情人节的心形和箭形装饰物之下，一条人链已经组成了，他的员工正努力将货品传进来。铁登站在三个售货员旁边，拆开并检查货品，淮德走近他。

"损失有多大？"

"我们很幸运，老板。"这位年轻男士回答，"我相信塑料包装保护了积满水的箱中的大部分货品。但是，我们损失了几卷靠着墙的地毯和一批窗帘，确切数目尚未知道。"

淮德松了一口气，跟隔壁相比，他真的很幸运。"谢谢你，铁登。你干得非常出色。"淮德诚心诚意地说。他转向全体员工，说："你们都干得很好，我很欣赏你们的努力和团队精神，非常感谢你们。"

综合所见情况，对淮德来说形势已很清楚，店铺今天不能开门营业了，为了确保明天能开门，他必须尽快把库存整理好。他对一位来自南迈阿密的棕色头发男子说："我现在亲自到仓库去看看。"

一走出电梯，淮德第一个感觉就是潮湿的气味，这么多的水必然已浸坏了大量书籍、鞋子及其他东西，所以才会那么快就制造了这样强烈的气味。商场地下储物室的通风系统就像最频繁光顾商场的顾客那么老，如果不尽快弄干，整层将充满发霉的臭气。

灰色地板还是湿的，所以淮德在走向储物室时不得不小心翼翼。双层门正敞开着，以便通风，他可以看见天花板的裂缝，水仍然从那儿滴下来，他看看工业用货架上的无数纸箱——通常装着 2 000 多 SKU（Stock Keeping Unit，库存单位），也就是他的商店出售的货品。四个货架已经出现水渍，而所造成的破坏是那么小，他算非常幸运了，他要答谢神恩，塑料外壳及真空包装挽救了他。

他走过去看看卡登诗的储物室，就在隔壁，这个地方真的是烂摊子一个，大部分的天花板已塌陷，可以看见老旧水管上长长的裂缝。地面上是大块的石膏板、浸湿了的书页、文件匣和心形贺卡。

储物室中央站着一个中年男子，梳着拖把一样的黑发，工作服背部印有"亚奥水管工程"黄色字样，他正向一个紧张兮兮的年轻人发号施令。

"那么，祸因是什么？"淮德问亚奥。

"老旧的水管，加上昨晚天气突然变冷，形成致命的一击。"他回答，"去年我们在棕榈滩也遇到过同样的事情。"

"我来自隔壁的 A-5 储物室，什么时候我才可以把货搬回储物室？"

亚奥用铅笔搔他的额头，向右踏出一步，因为那儿光线较亮。"也许六七个星期吧。"

"你是指六七天，对吧？"淮德的惊诧表露无遗。

亚奥说："没办法比这个更快的了。我必须将整个天花板打碎，更换主水管，然后重新安装天花板，如果这还不够，整个系统是那么旧，我甚至不知道我能否找到合尺寸的接头，我们需要更换整个系统的概率很大。直至我们完工，放置在这里的任何东西，我们不负责。"

"有没有办法在六星期内完工？"淮德极为担忧。

"恐怕不行。"亚奥回答，然后补充说，"我正在进行三个项目，今天我放下一切跑到这里来，天晓得完工前我们还会遇上什么紧急事故。"

"但星期四就是情人节了！"淮德焦急地说，"我起码必须有一个可供运作的储物室！"

"噢，谢谢你提醒我。"亚奥说，"我真的应该带些玫瑰花给老婆。"

淮德跳步上楼，气冲冲地闯进商场经理的办公室，却发现其他三家商店的负责人在骂卢耳。

"我没有更多的可用空间！"卢耳气急败坏地声称，"卡飞书店和爱丽根兹鞋店受创最重，所以我把仅有的两个空间给了他们。"

"那么，你打算怎样处理这种局面？"五金店负责人希门尼斯愤怒地问。

"我们正在修理水管，我能够做的只是这个，所有损失都上了保险，你们没有什么可担忧的。"这位大胡子商场经理的语气就像在背诵一本运作手册。

"这不仅仅关乎损失。"淮德挥舞着双臂，坚持说，"情人节就在眼前，我绝对不允许任何事情损害销售！"

"这件事我无能为力。"卢耳说，"但任何损失都已受保——任何损失。"

淮德沮丧地离开卢耳的办公室，没有得到任何解决方案，而商店必须重开，如果不是今天的话，最迟明天，但怎样处理他的库存呢？他能放到哪儿去？必须马上另找储存空间。

这次他从正门回汉娜商店，看见所有走道直至店的后方都堆满箱子，他有种被淹没的感觉。每个人都在忙，有些人在打开受损的箱子，取出当中的货品，有些人在检查货物，有些人在抹擦货品塑料包装层上的水，连他的秘书艾娃也被淹没在毛巾堆中。

他走进他的办公室，打开黄色电话簿，开始致电附近的仓库。

"你今天就要储存空间吗？嗯，我相信我们可以完成交易，每平方米 25 美元，怎样？"

三分钟后："很抱歉，但我们刚刚把最后的空间租出去了，也许两星期后我们将有空出的空间，我要替你预留吗？"

清单上的最后一家说："你要什么？这就是博卡拉顿滩区域的价格，你想要便宜一点的？我在德尔雷滩有空间。"

淮德在绝望中垂下头来。看来，除了付出高昂价格令商店可继续营业外，他别无选择，这就意味着，在水管修好之前，他几乎利润全无，也不知道要等到何时何日。而最要命的一击是，他将无法提升商店的表现而为他的晋升制造理由，他在汉娜零售集团的日子很快将成为历史了。

就在这时，铁登冲进来。

"老板，你能来装卸区吗？货车刚刚到，运来新产品系列。"

"噢，天啊。"淮德完全忘记了这批货，他原本计划在今早更换陈列品，却卡在一个危机中。他冲出去找正在卸货的货车司机。

"不，不，不！"淮德叫道，"你不能卸货，你看不见吗？我们没有地方放置这些东西！"

"我只按指示做。"司机说，"我就把货留在这里。"

"不要卸货了，停止，请。"淮德恳求，"等一等，让我打电话给你的老板。"

他掏出手机，拨通区域仓库经理鲁泽的电话。

"鲁泽，我是淮德，我这里有紧急事故。"淮德告诉鲁泽有关情况，问他可否吩咐司机将货运回。

"当然可以，淮德。让我跟他通话。"

淮德把手机递给这位有文身的司机，他听了一会儿，低声说了几句，把手机交回淮德，开始把货搬回货车上。淮德向司机致谢，再和鲁泽通话。

"在博卡拉顿滩商场附近是否有任何收费合理的仓库可租用，你知道吗？"淮德问。

"我不知道。"鲁泽回答，"你尝试过找本地仓库吗？"

"正常价格的，一家都没有，他们是如此同情我，只将价格变为双倍，我应该感谢他们没有把它变为三倍。"淮德继续说，"我能找到的，最近的在德尔雷滩。"

"那么，你得驾车超过 15 分钟去取你的货品？"鲁泽很吃惊。慢慢地，他说："如果货品不是很急着拿到手，何不全部放在我在这里的仓库？每天我都有货车驶经博卡拉顿滩，所以，应该可以安排相关的物流。"

"哇！谢谢你。"淮德说，松了一口气。"你是我的救命恩人。"

"我认为，我们可以使之发挥作用。"鲁泽说，"没有理由浪费金钱去另外租你要驾车才能去的仓库，我这里有足够的空间让你放置库存，需要什么，尽管告诉我好了，我会照办。"

"什么？就像货物回收？"

"不是。"鲁泽回答，"我有明确的空间可以让我放置你的货，我要避免在会计账簿上改变货物所有权的麻烦，也不想每次发货给你都要搞一轮文件手续。货仍然是你的，只不过放在我的货架上而已。"

"好极了。那么，什么时候你的货车可以过来运走箱子？"淮德问。

"今天下午，大概五点吧。但请确保一切都安排并准备好，司机长途行车归来，所以我不想他负担过重。"

"完全照你的意思办。"

淮德找到铁登，告诉他这个好消息："我已经安排好了，区域仓库将储存我们的库存，货车将在五点左右来取货。"

"哇，你用什么方法令他们同意这样做？"

"就说鲁泽是个好朋友吧。"淮德回答，"马上动手干。"

"好，我会确保所有从储物室搬上来的货品将被搬到装卸区。"这是铁登充满活力的回应。

"不，铁登。"淮德不批准，"当我们需要的货还不是可以马上拿到时就不能这样做。"

"对不起，老板，我听不懂。"

"铁登，店面人员到储物室取货的频率有多大？每小时起码一两次？"

铁登点头确认。

"那么，如果把货通通运走，我们是在制造麻烦，另外，店面中的货有多少几个月连动也不动？"淮德问他的店面经理，"储物室中有多少货其实应该放在店面？店面中有多少货其实应该放在储物室？"

"我不知道。"铁登坦率地回答，"但一定相当多，我现在明白你的意思了，我猜，我们的效率会提高。"

"现在，我不关注什么效率。"淮德断言，"我关注的是，别把这里需要的货运走，留下的货仍足够让我们开门营业。告诉各部门经理准备一份清单，列出什么货是我们允许马上搬到区域仓库的，他们需要时间审慎做出决定，鲁泽的货车会比我们想象的更早到来。"

＊＊＊

汉娜零售集团博卡拉顿滩分店经理的办公室已根据集团的标准布置好了。一张中等大小的浅棕色办公桌，后面是一把高椅背椅子，白板放在一边，对面是书架，七把有褐色厚椅垫的金属折叠椅，七把都打开了，坐着六位部门经理和店面经理。

面对他的下属，淮德坐在高背椅子上，面色明显地显示出他的不满。在他的办公桌上，是多张他们编制出的要搬到区域仓库的货品清单。清单短得荒谬，淮德估计，将所有清单加起来还不到从储物室搬上来的货品的 1/4。

"各路英雄，我要的不是这个。"他开始说，一边压抑着内心的沮丧。"显然我解释得不够清楚，我们没有空间放置所有库存，请只留下你绝对需要留下的货品。"

"你要我怎样做？"伊莎贝争辩，"我不能没有货，运走了，我卖什么？"

"伊莎贝。"淮德尖锐地指出，"即使你把货架挤爆，并用尽你部门的吊柜，你还是无法容纳所有的货。"

"我想，我可以放一部分在厨房中，一部分在走廊上。"她建议。

"走廊是我用来放地毯的。"渣威宣称，他的声音深沉，带有旋律。"这是唯一能放得下地毯的地方！"

"嘿！用上厨房是我的主意。"米克站起来，用手指着自己的胸口说。"我第一个放东西在那里！"

"静下来！"淮德提高声音，"米克，坐下来。没有人可以用厨房，走廊什么东西都不放，如果照你们所讲的来办，这里会挤到你们根本连箱子也摸不到。"

淮德环顾四周一张张皱着眉头的脸，他很诧异，为什么他们如此强烈地反对将货品运往仓库呢？难道他们不明白他们别无选择？将店中货量减少，这并非轻率的管理决策，他们对情况不满，其实，他也是啊。淮德压抑着心中怒火，尝试提出一个较正面的说法："区域仓库经理同意了，每天根据我们的需要运货过来。让我再强调一次，由于我们的危机，只要我们还不能用我们的储物室，我们友好的区域仓库经理鲁泽承诺每天运来我们需要的货，因此，我们只需要持有我们可以马上卖掉的货，店面没有必要现在就持有像山那么高的库存。"

"你说'可以马上卖掉的货'是什么意思？"弗兰充满疑惑

地问。

淮德需要想一想才能回答："一天当中，无论我们提出要什么，第二天早晨就能拿到，因此，实际上我们必须持有的库存只是一天之内我们期望能卖出的货量。"

米克举手："我不知道今天我会卖出什么。"

"今天我们什么都没有卖。"铁登苦涩地说。他转向淮德，继续说："我可以从计算机中打印出每个 SKU 每天的平均销售量，但我不相信这就是你要留在店面的货品。"

在淮德回答之前，米克爆炸了："平均销售量是垃圾，某天，你一件都没有卖，第二天却卖一吨。如果没有足够的货，我将什么都卖不成。你持有平均销售量吧，我保证店铺的营业额会像冲水马桶那样被冲走。"

其余的部门经理纷纷插嘴，浴室纺织品部门经理玛丽亚哭着说："大部分日子里，我连一条沙特勒斯大码浴巾也卖不出，但有一次我一天就卖了 40 条！"

"40 条？"淮德很惊讶，"这比你的平均销售量高出很多很多，这经常发生吗？就算一天卖 20 条，情况有多频密？"

"发生过一次，大约一年前，但也可能任何时间都会再发生。"她留有余地地说。尽管玛丽亚是店中最娇小的员工，但她的看法从来都是表达得最响亮的。

淮德清晰地察觉到，玛丽亚所讲的不仅是她自己的看法，也是每个人的感受，这种感受就是恐惧。他推断，如果六位经理有同感，那么背后一定有一个强烈的理由。持有低库存毕竟不是一桩小事。试想想，他们何曾将他们需要的货品送回仓库？一次都没有。他提醒自己，人们抗拒改变，改变越大，抗拒就越强烈，而这次改变是很重大的改变。

为了显示他同情他们，他以平和的声调说："你不能以极罕有的事件来决定如何行事，因为这是向歇斯底里低头。"

这场辩论持续了很久，最后，部门主管迫使淮德同意每个 SKU 持有相当于每天平均销售量的 20 倍。淮德的理解是，歇斯底里赢得了辩论，但他无力气继续争辩下去了，打从他今早起床起，他就没有吃过半点东西，他终于熬不下去了。

部门经理鱼贯而出，铁登留了下来。"你没有活干？"淮德揪住他，"他们正在等待你打印出每天的平均销售量清单呢。"

"马上打印，老板，但我只有一个问题，区域仓库一向给我们发整箱的货，但你现在说要他们送个别件数来，他们会这样做吗？再者，他们有能力这样做吗？"

淮德再次提醒自己不要低估他的店面经理，说："你说得对，我忘了这点，让我跟鲁泽谈谈，看看还有什么可以做的，现在，你先去打印清单，我们必须准备好让来人将货运走。"

铁登离开了办公室，淮德深深地吸了一口气并再次致电鲁泽。

"很抱歉打扰你，鲁泽。我知道你想尽办法来帮助我，我很感谢你。"淮德清了清嗓子的不适，"但我有另一个问题，我再也不能接收整箱货了。"

"是啊，我知道。我想过这个问题。"鲁泽说，这令他的朋友一呆。"很明显，如果每次你要一件货而我送来一箱，你的整个库存很快就会回到你的商店，我跟我的人员商讨过，这对我们来说是一个真正头痛的问题，但我们找到了一个方法来处理，我们将根据你的要求送去你要的货品件数。"

"我欠你一个巨大的人情，鲁泽。"

"远多于一个呢。"鲁泽传来的笑声令淮德也笑了起来，"第一件事，你带女孩们去看芭蕾舞，这个星期天和下个星期天。"

"成交。"

＊＊＊

玛丽亚敲淮德的门。

"进来吧。"

"老板，我们已开始按你的指示做了。"这位娇小的女士告诉他，"只留下 20 天的货量意味着，我们送走的将不仅是储物室的货，还包括很多现时在店面中的货，你察觉到这点了吗？还是我们误解了你要我们办的事？"

"我知道，店面储存的货的一部分必须被运走。"淮德以较温和的语调说。

"老板。"玛丽亚横叉着腰，坚持说"运走的不是一小部分，一半货架将是空的。"

他马上心算了一下，商店原来持有约四个月库存，当中一半放在楼下的储物室，那么，现在只持有 20 天库存，就意味着商店只摆放目前库存的一半还不到。玛丽亚的看法是正确的，空置的货架远远超过他的想象。然而，他跟他们争论那么久才认定 20 天的量已是歇斯底里的高了，他不想现在再争论了。不管怎样，直到储物室重新运作之前，鲁泽每天会送来淮德要的货，因此，实在没有必要持有甚至一个月的库存。

"按原来计划办。"他坚定地说，"我们同意了只持有每天平均销售量的 20 倍，那就 20 倍吧。留在货架上的货好好地摊开摆放吧，摆出一个大方漂亮的样子。"

"好吧，你是老板。"

她离开后几秒，他无意中听到玛丽亚在厨房跟铁登谈话，好像在说："老板发神经病了!!"而他忠诚的店面经理正在试图令玛丽亚冷静下来，淮德希望她的说法是错的。

第 5 章

不让机会冲击战略

Isn't It Obvious?

坐落在迈阿密市中心一幢大型商厦的汉娜零售集团总部的灯正被关掉，一盏接着一盏地熄灭，好像大厦在夜幕降临中闭上了眼睛。嘉露在顶层的走廊上走着，有点高处不胜寒的感觉，她渴望早点回家和丈夫及孩子们在一起。如果父亲的主意落实，让她坐上董事长的位置，她将不得不习惯这种感觉。从恒莱办公室的重型双层门窥探，她看到他正翻阅一份绿色封面的报告，她轻轻地敲门，以免惊动他。

"爸爸，可以给我一分钟时间吗？"

"不行，但无论如何我会听听的。"这位秃顶男士微笑着，把报告放在他的大办公桌上。办公室的红色和棕色跟他是很好的配搭。

嘉露在恒莱对面的一张红木椅子上坐下来。"你听说过利安公司的事吗？"她问。利安公司是一家在佐治亚州的床上用品制造商。

"我只听说他们遇上了麻烦，仅此而已。"

"我最近和利安公司最年轻的家族成员贾森谈过。"她报告，"显然他和他的兄弟们决定不再投入更多的钱到该公司。"

"这比较遗憾，我和利安认识多年，如果他在的话，他决不允许这种情况发生，愿上帝保佑他的灵魂。"恒莱说，一边叹息。利安两年前因心脏病病发去世。"你知道，亲爱的，当我开始闯天下时，我们买的东西都是美国制造的，而现在，几乎什么都不是，嗯，又一家公司要完蛋了。"

"说他们完蛋，还为时过早吧。"嘉露不同意，"利安公司是一家不错的公司，有优良的品质和设计，很可能他们会在一个新东家下继续经营。"

恒莱摆摆手："今天谁愿意买一个无底洞？"

"也许我们应该？"

恒莱眯上眼睛说："多告诉我一点，我的小女孩。"

嘉露笑了。打从她的小女孩年代开始，每当她带给父亲惊喜时，他就呼称她为"我的小女孩"了。她来到桌子一边他的一方，手指在键盘上跳舞，"这是利安公司过去五年的财务报表。"

"那么，你真的做了一点功课。"恒莱显然感到欣慰，"你的资料是从哪里来的？"

"从贾森那里来的。"嘉露明快地回答，回到座位坐下，等待父亲检视文档。他的眼睛扫视屏幕，突然停下来，问："怎么销售额下降了这么多、这么快？"

"你知道，我从小就跟利安家族新一代的兄弟们认识了，他们从未好好相处，从过去一年我跟他们的交往中，我知道这种情况并没有改变。自从老人家去世后，他们花更多时间在权力斗争上，在谁管什么上，而不是在经营业务上，当我要求他们报价时，任何建议书竟然都要所有三兄弟批准。你能想象吗？什么事情都要拖很久很久，跟他们合作越来越没趣了。"

恒莱推断，这是建立了自己公司的人最可怕的噩梦，你自己的孩子把你一手建立的事业化为瓦砾，是一大悲剧。有嘉露在，他起码不用担心这个。他点了点头，示意嘉露继续。"爸爸，我看，我们有一个很好的机会，我认为我们可以很容易地把利安公司搞好，几乎立即成为我们一项有利可图的资产。"

"如何办到？"恒莱鼓励她继续。

嘉露准备十足，她充满自信地回答："现在我们是它的最大客户，占其营业额的 40%。但对我们来说，它只是一个小供应商，我们的床上用品不到 6%是利安公司供应的，如果把我们的采购量变为双倍，即使我们降低买入价 5%，已足以让利安公司转亏为盈了，您可以打开文件夹的另一文档看看相关的计算。"

"不用了。"恒莱放开鼠标，关掉屏幕，"以 40%的毛利率计算，很明显，这种幅度的销售额增长可解决它的财务问题。但是，我的小女孩，只做你精通的事，这条浅白又简单的好规条，你忘了吗？我们售卖纺织品，我们不生产纺织品，我们并不了解复杂的设计产品程序，更不用提生产程序了。"

"我们不了解，但贾森了解。"嘉露果断地回答，"他是在这个行业中长大的，他的父亲给了他很好的培训。"

"我相信他懂这个行业。那么，你和他讨论过了，并且……"她的父亲扬起眉毛。

"他愿意，不只愿意，实际上是渴望继续担任利安公司董事长，当然，前提是他的兄弟得离场。我认为，提供合理的薪酬和适度的奖金，我们可以跟他签一份为期五年的合同。"

"在这方面你已经想得很周到了，但你为什么会这样有信心，确信我们的销售量会持续增长至目前的两倍或以上？我不想被大量死货卡住而最终要靠其他渠道贱卖。"

嘉露停顿了一下，然后说："如果我肯定有办法卖出那么多，我老早就把库存量变为双倍了，这里我需要你的协助，爸爸。你必须帮助我说服祁道发，要他在各店中为这些产品提供较好和较大的陈列空间。"

"嗯……"恒莱回应，"还有，谁来监督这家公司？贾森向谁报告？他们这家公司太小了，不宜直接向董事长报告。"

"我还没有想过这个问题。"嘉露承认，"贾森可以向操作部或采购部的执行副总裁报告，我愿意挑起这个额外的担子。"

"那不是要让你分心吗？不要匆匆回答我，你要考虑到，你必须了解这家公司的里里外外，为他们争取他们所需的额外投资资金并确保他们有正确的发展策略。嘉露，你真的认为你应该花这么多时间在这件事上吗？它触及的还不到这类产品 10%销售额，而我们的产品类别是那么多。请记住，利安公司不应该只聚焦于汉娜零售集团关注的事，它不应该视我们为它唯一的客户而依赖我们。"

"为什么不呢？"他的女儿奋力反驳，"难道现在不是时候让汉娜零售集团开始拥有自己的品牌产品吗？许多连锁店都有自己的品牌产品，利润也比较高。我查证过了，没错，有些连锁店在这类尝试中亏了钱，但在大多数情况下，它们的盈利是增加的。你不认为在竞争比以往任何时候都激烈之际我们应该开始探索这个课题吗？"

美国东南部最大的家用纺织品连锁店的董事长把身子向后倾斜，双手在脑后互握，陷入沉思。

缺乏反应，刺激嘉露做出宣示："我确信，我们应当抓住这个千载难逢的机遇，立即收购利安公司。"

恒莱最熟悉女儿的性格。他知道，最好的药物是耐心加平和的语气。作为公司未来的董事长，有些事情她不得不承认并接受。因此，顿一顿后，他平静地说："嘉露，听我说，我认为你具备了每个生意人都必须有的本能，你还学懂了如何准备一个有说服力的建议，并当机立断地为它辩护，这点你刚刚表现过了。你说服了我认同现在是时候重新审视我们关于是否要拥有自己的品牌产品的政策了，我也认为利安公司是一家很好的公司，有合适的产品，而且我们可以很容易地把它变为一项优质资产，但是……"

"但是，你的决定是，我们不收购利安公司。"嘉露替他说完。

"对。"

这个单字回应已把她的所有准备扫到门外了，她能感觉到从气球泄出的空气，她垂头丧气地说："我并不感到惊讶。"

恒莱知道他不能让他们的谈话以这样的气氛结束，他轻柔地问："你是否老早就预期我会拒绝你的建议？"

"老实说，我期望你会更开放一点。"嘉露承认，"但我清楚地明白，我的建议明显地背离你一向管理汉娜零售集团的方式，所以，我并不感到惊讶。"

恒莱笑容满面，评论说："这使我想起了我与我母亲的争吵。当我还是你现在的年纪时，我就已认定她是我遇到过的最保守的人，店中任何改动，我都必须发动一场战争才能推行。"

"那么，现在轮到我上战场了？"嘉露说，面露拘谨的笑容。

"不，现在轮到你像我那样向你的祖母学习，并希望你能比我学习得更快。"

"学什么？"

"你的起点是，人们抗拒改变，认为抗拒改变是人们固有的特性之一，你认为真的是这样吗？"

"是的，我真的是这样认为的。"然后，她解释："看看这里，要改变任何事物是多么的困难。每次我提出一个建议，每个人都在找理由反对，我就像撞上了一堵水泥墙。"

"那么，你真的相信人们是天生抗拒改变的？不管是什么改变？即使极具意义的改变？"

嘉露直视着恒莱的眼睛，说："我只是向你提出我的想法，我已经做足所有功课，你甚至承认建议极具意义，但你仍然反对，事实上，还不到十分钟，你就把它击退了。"

"所以，你的结论是，我抗拒改变。"

"我还能找到其他解释吗？"

恒莱决定不直接回答她的问题，他靠在椅子上，把玩他的笔，说："我经营这家公司那么久，记不起多少年了，这是我的人生，因此，对我来说，没有任何改变比我从岗位上退下来更重大的了，并没有人强迫我退下，你可以说这是一个抗拒改变的人的行为吗？"

她沉默不语，他就接着说："嘉露，当你决定结婚生孩子时，你清楚地知道，这几乎将改变你生命的每个方面，但像其他人一样，你发动了这些改变，你会说这是抗拒改变的人的行为吗？亲爱的，人们不接受建议中的改变，他们这样做并不是由于他们受到计算机程序控制去抗拒一切改变。"

"那么，为什么他们抗拒？你为什么否决我关于收购利安公司的建议？"

"人们评价所建议的改变，他们评价所得的好处及相关的风险，如果他们得出的结论是，这项改变是好的，他们会接受改变，如果他们得出结论是，这项改变是坏的，他们会抗拒。不要忘记，他们对风险的看法是改变被评价为好与坏的主要因素，人们抗拒你建议的改变，不是因为他们抗拒改变，而是由于对于该项改变，他们做出的评价是，改变所带来的好处不够多，或者风险过高。"

"也许。"

"不，不是也许，这点很重要。"恒莱很坚定地说，"如果你明白这个基本事实，你就会愿意聆听他们的说法，并有机会改变他们的立场。但如果你坚持认为他们像受到计算机程序控制那样抗拒改变，你将是一个很差劲的经理，因为你的选择范围只能缩至放弃改变或蛮横地执行改变。"

嘉露想了一会儿，然后问："为什么你认为我提出的收购利安公司的建议不是好建议？"

"想一想我们刚刚讨论过的事项。在一个更广泛的关于开发我们自己品牌产品的策略下，收购利安公司才有意义，而这个策略要求我们解决不少重要问题。首先，我们必须确保我们不会在战壕里制造混乱，这些混乱最终会化为冲突，到头来消耗我们的时间和精力，因此，我们必须定下指导原则，决定品牌产品和常规产品的陈列空间比例。我们还必须决定组织架构，这些都不是琐事，你肯定也注意到了。"

"这不应该花很多时间。"嘉露回应。如果他反对就是为了这些原因，也许她仍然有机会改变他的看法。

恒莱不理会她，继续说："拥有品牌产品，方法不止一个。如果我们要避免错误及挣扎，就必须定下拿取品牌的标准：在什么情况下我们应该或不应该收购生产商公司，什么时候我们只搞设计而将生产外发，什么时候我们要求只出以我们的品牌为名的专用产品。"

恒莱的观点所揭示的智慧开始渗透到嘉露这边来了。

他深深地吸了一口气，然后继续说："而同样重要地，我们必须定出实施速度，包括详细的投资计划。当做出的决定会成为成败的关键时，你就要特别小心。做出谨慎的决定，是需要时间进行脑力激荡的。嘉露，我从痛苦的经历中领悟到，我不是约翰·韦恩，当拔枪发射时，我通常射中的是自己的脚。"

嘉露可以清楚地理解这段话的道理，但她仍然不得不说："但是，到我们把这些事情通通都做好了，利安公司已被人收购了，我们会失去这个难得的机会，这个机会是很罕有的。我们是否先收购利安公司，然后细心地进行必需的战略规划呢？我们一定可以从试点中学到很多东西。"

"嘉露，请听我说。"恒莱等待着，直至他们的视线接上，"董事长最重要的指导原则是，永不为某个个别的机会而改变公司的战略方向，不管机会是多么独特及具有潜力。机会会来也会去，容许机会冲击战略，后果必然是曲曲折折的战略，我保证，公司迟早也会东碰西扑地撞向砖墙。"恒莱倾向前，抚摸着嘉露的手。"这是我可以教你的最重要一课，你必须学会控制自己的本能，不要为黄金机会分心，它们往往只是镀了金的陷阱而已。"

嘉露在沉思中站了起来，说："我在采购部的多年经验培养了我狠抓机会的本能，这就是我正在做的，日复一日，这造就我成为一个出色的采购经理，不管怎样，这就是我，我不认为我可以做出这么根本性的改变。爸爸，你刚刚说服了我，我根本不适合坐在你的位子上。"

第 6 章

每天要上报什么

"淮德，我们有个难题，你的商店正把我们逼疯了。"

水管爆裂短短四天之后，鲁泽的电话就来了，淮德手握听筒，感觉到他担心的事终于出现了。

"我知道。"他说，"为个别货品开纸箱是不行的。"

"这不是问题。"鲁泽回答，"是不断而来的电话。我还有一个区域仓库要管，我们不是快餐店。除了每 20 分钟就接一个来自你的员工的要货电话，我的员工还有别的活要干。"

淮德想了一会儿，六个部门每两小时起码打一个电话，难怪为区域仓库制造了混乱。"我很抱歉。"他道歉，"我会确保，每个部门经理每天给区域仓库提供一张清单。"

"不，淮德，要合并为一张清单。你看，我安排你的货，每天只能一次，在下班前。"鲁泽解释。他坚信，任何复杂的事，无论是多么小的事，最终必然引发麻烦。"最简单的做法是，你每天下班前用电邮发一张合并了的清单给我。"

"我答应你，鲁泽。再次感谢你所做的一切。"

"等一等，我们忘了一件事。"区域仓库经理鲁泽说，"我把新产品系列拿回来了，你还记得吗？嗯，我知道你没有空间把它们全部容下，但你真的需要这批货，我要发多少过来给你才好呢？"

"每个 SKU 发 20 天的量，可以吗？"他要求。

"天晓得这是什么意思？"鲁泽笑了起来，他猜测，像所有商店经理一样，淮德只从一个角度看事物——从商店经理的角度。"你要讲得更具体一点。"

　　淮德现在才意识到，鲁泽根本无从知道他的每天销售量，他马上心算，说："送原本订货量的 1/10 过来。"

　　"没问题，好朋友。"

　　"谢谢你，鲁泽，也谢谢你提出这件事。"

＊＊＊

　　淮德坐在办公室，在发给鲁泽之前看看他的部门经理们所拟的清单，他无法判别清单上的每行资料究竟是对还是不对。显然，眼前要用到的量和各部门经理所填的是两码事，如果他通通批准，商店很快就会重新被货物箱子淹没。他马上通过广播音响系统召唤各部门经理到他的办公室来。

　　"我看过你们提交的清单，我想知道你们是如何编制它的。"淮德转向经验丰富的厨房纺织品部经理，"让我们从你开始吧，米克。你要求的量看来超过 20 天的水平。"

　　"但也有些东西我一点都没有订。"米克解释说，"这样，高低互相抵消之后，最终还是没有超越。"

　　"这并没有解释你怎样决定订什么、订多少。"淮德说。

　　"嗯，我看看货架，如果还有很多空间，我就订货填满它。"他坦白地回答。

　　"哦，我明白了。"淮德回答。他开始感到恼火，他转向米克身旁戴眼镜的女士。"珍妮，你要了很多桌布啊。"他说。她要了彩虹系列桌布每款 20 条，尽管大部分颜色每天只卖一条。

　　"今天，红桌布很好卖，我不想明天缺货。"她说。

　　"我很高兴知道红色很畅销，但其他颜色卖得怎样？"

"我卖了蓝色桌布三条、绿色两条。"她回答，"我只是想确定这两种颜色也不会缺货。"

"但每种颜色你仍然有大概 20 条，你为什么还额外订那么多？逻辑何在？"

他不耐烦地挥手，不接受她的回答，转向弗兰。她的清单是当中最简短的，而她的数字并没有被加大，一项三件，另一项六件。"你是怎么得出这些数字的？"

"我数一数我还剩下多少，并从 20 天的量中减去。"

"你是这一片混乱中的秩序天使。"他赞扬他的下属，"这才是正确的方法，我希望每个人都用弗兰的方法。"

"淮德，你不是期望我每天都这样做，对吧？"弗兰显然不高兴，"我花了将近两小时才得出清单！把帮助顾客的时间也挤走了！"

"这是否意味着全面盘点呢？"渣威问。"这会花多少时间！"

"你是否付加班费？"玛丽亚插话。

铁登说："很抱歉我要这样说，老板。但每天进行全面盘点将占用太多时间，是不是还有其他办法？"

"你说得对，铁登，一定有更好的解决方案。"淮德说，然后停下来思考弗兰的做法，她是怎样得出她的清单的呢？首先，她拿着 20 天这个目标量，数一数当天完结时她的整个库存，然后她从目标量中减去库存。

淮德放声大笑，这令他的下属愕然，因为他意识到弗兰的计算方式只是重新找出当天的销售量而已，这些资料是一按计算机就可以得到的。

"很抱歉。"他道歉，"这是漫长的一天，弗兰刚才协助我定出我们真正需要的是什么，我们需要的是每天的销售量，即离开商店的货品，也就是我们要从区域仓库带回来的货品。你们不必再发清单给鲁泽了，计算机将列出每天卖出货品的清单。你们可以回去工作了，谢谢大家出席。"

当部门经理从不舒服的叠椅上站起来时，玛丽亚却坐着不动，她似乎对结果不那么满意。

"但是，有些货我们卖光了，但还有顾客要求买，那又怎么办呢？"她问，"就在半小时前，有人想买一件我们缺货很久的浴袍，最后什么也没有买就走了。"

准德心想："玛丽亚到最后总会说点什么"。但他的回答是："这一点很好，玛丽亚。你们每人应列出这样一张清单，我们把清单加到发给区域仓库的指示中去，我们也以 20 天的量作为这些货品的订货量，你认为够好了吧？"

他知道他们是不会拿到这些货品的，商店早已发了每个她所指的这类货品的订单，还在等货到，如果商店缺货，那是由于区域仓库也缺，还有什么好争论的呢？

"看起来不错，老板。"玛利亚微笑着，准德办公室的气氛缓和了。

准德感到高兴的是，这次她没有用上"发神经病"这个字眼。

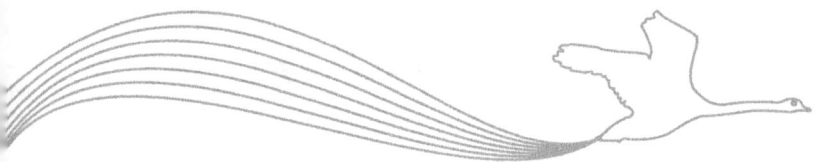

第 7 章

寻找战略家

Isn't It Obvious?

书房内的电视机开着，淮德的注意力分散于电视大屏幕和《迈阿密先驱报》的体育版之间，他的双脚搁在褪色的搁脚凳上，身体其他部分就摊在去年嘉露为结婚周年纪念而选的舒适的鸳鸯椅上。他喝尽罐中最后一滴啤酒，打算取另一罐，这时候，嘉露已安排好丽莎睡下了，她在淮德身旁坐下来，扯着他的衣领将他拉近，给了他一个吻。

"我好累。"嘉露抬起双脚要淮德按摩，"但庆幸今天的成果不错。"

"孩子们花了你不少钱吧？"

"我们有很开心的一整天。"她微笑着回答，"我们去溜冰了，看了一部电影，超级英雄那类。"

"听起来很棒。"淮德说。通常是由他带孩子们出游，但每当嘉露发现她众多国外航班之间有空档出现时，她就会马上加入。

"你知道吗？"她说，"在回家路上，孩子们在车的后座有一番议论，他们在争论，当我当上董事长时，会产生什么变化。"

淮德将报纸折叠在怀中，全神贯注地按摩妻子的脚。"我相信丽莎感到万分兴奋，现在她也满嘴'妇女力量'了。"

"不，其实她有所保留。"嘉露报告说，"宾恩也很热衷由我出任董事长，他说我将比以往少出差，我真的感触很深。"

"丽莎有一个好的相反论点吗？"淮德问。

"你的意思是，除称他是猪脸之外？"她笑了，"其实，她有的，她说一切将跟外公一样，在家，但总是在书房里忙着。"

"她是个聪明女孩，那么，谁赢了争论？"

"噢，我说漏了一件事。"嘉露说，"我提醒他们，这已不是外公第一次说短期内要退休了，此外，我不肯定我想当董事长。"

这也不是淮德第一次听见妻子这样说了。

"亲爱的，"他说，"我知道你多么热爱你的工作，以及它带给你多少满足感，但我们一直知道总有一天你会离开采购部，接替恒莱。"

"这个我不知道。"看到丈夫疑惑的表情，她说。"我从来不认为他会真的离开，至少 80 岁以前都不会，汉娜零售集团是他的整个生命，一直如此，我以为我的时间尚多。"

"我们所有人都是这样想的。"淮德回答，他静静地反思自己的处境。"而现在，他是认真的，又有什么关系呢？你将是一位出色的董事长。"不管事情真的发生时他会面临什么问题，淮德不可能劝止他的妻子出任董事长，跟他即将到来的晋升相反，她完全是以自己的成就赚取晋升的。

"我没有你那么肯定。"她回应，"我恐怕，我有大量机会把公司弄到停滞不前。"

"你说什么？"他的手不由自主地停止了按摩，注视着他的妻子，一脸震惊。

"我从小就看着爸爸打理公司。"嘉露小心地把双膝提起，"我知道我干不了他的活，我知道的、生活着的、呼吸的，都是关于采购的，但这跟经营一家这样规模的公司，相差太远了。爸爸参与的事项那么多，他领导公司的营销、物流、人事、商店选址，甚至店内的布局，最重要的是，他知道什么时候要前进，什么时候要收步。"

淮德对妻子的自卑很惊讶，他移近倚在蓝色鸳鸯椅上的她："来吧，嘉露，我们都知道，掌控这些领域对你来说都不是真正的障碍。"

"问题不是掌控这些领域。"她以平静的声调说，"而是如何把它们融合在一起。我擅长发掘商机，迅速把它们变为上佳的交易，这就是我的优点、我的才干，以及我为什么搞采购搞得那么出色，但是，一旦当上了董事长，你需要对系统有一个全盘的视角，这就是战略家和战术家的区别，而我是后者。就在数天前，我找到了一个很好的例子，爸爸让我看到我们之间的区别。"

"你爸爸并不是一开始就担任一个庞大连锁店集团的董事长的，他必须努力才达到那个境界。"淮德企图安抚她，"假以时日，你会超越他的。"

"他可以随着公司的成长慢慢学习，"嘉露回答，"今天，竞争如此激烈，而我们享有的优势那么小，我犯一个错，公司就会像皮球一样滚下山坡，我将无法阻止，而雪上加霜的是，这会伤透爸爸的心，他那么努力将一家保姆才光顾的小商店变成一家庞大的企业。毁掉他一生的事业，是一件我无法面对的事，我很害怕我会成为他的最大遗憾。"说这些话时，她把头转离淮德，转向窗外的大树。

一段时间以来，淮德一直在寻找合适的机会告诉他的妻子他正面对的矛盾。现在，看到她的痛苦，淮德决定不告诉她他是如何被他的正直和他的承诺之间的对立所困扰的——在不接受不值得的晋升和为了子女的幸福而接受晋升之间的冲突，如果他开口了，她会用他的问题作为挡箭牌，成为她推掉这个她应得的、胜任的职位的借口，他将无法承受她因为他而错过董事长职位的罪过感。

淮德把手放在她的胳膊上，问："有任何其他解决办法吗？"

"什么？比如引入家族以外的人？他绝不会这么做。"嘉露耸耸肩，驳回了她自己的想法。"即使他想这样做，我不肯定我希望他这样做。现在我处于一个很独特的境地，如果爸爸带来一个外人，我对公司发展方向的影响力就可能受到损害。你还记得那回我引进地毯和毯子吗？我把想法告诉祁道发，他是爸爸有可能将公司托付的唯一外人，我的想法他听不进去，但当找爸爸时，他看到了建议的潜力，并把它发展成为今天的独立部门。我喜欢祁道发，但我无法在他之下工作，他会扼杀任何倡议。他的信念是，如果东西还没有破，就不要修理它。"

"不过，嘉露，你讲的是一个例子，讲的是祁道发。"淮德恳求，"也许别人会接受新的想法。"

"但这是一个恰当的例子。"她的黑眼珠子闪着亮光，"新董事长将不会是我爸爸，谁当上都不会如此信任我，一切都将大变，我的翅膀将被斩断。"

"那么，你怎么办呢？"

"我剩下来的唯一选择，就是大伦。"嘉露说，"大伦是一个具有敏锐的商业本能和战略眼光的人，而我却不是，这正是为什么这些年来，爸爸想让大伦接班。如果他明天露面，准备回到公司来，那爸爸会原谅他并忘记他们之间不愉快的谈话，并在一眨眼之间给他董事长宝座。大伦当了董事长，我要什么都可以很容易到手了，好吧，不一定那么容易，但我肯定乐意和他共事。"

淮德将身体前倾，轻抚妻子的黑发，他知道，大伦回归能解决他和她的问题，他曾试图说服他这位大学室友迁回迈阿密，收效不大，但现在大伦要留意了，拒绝妹夫是一回事，拒绝你的小妹妹却是另一回事，而嘉露不仅仅是与他共事，她还将改变他。

他温柔地吻她，她把头靠在他的肩膀上，感谢他的支持，她让自己在他的怀里放松，暂时忘却烦恼。

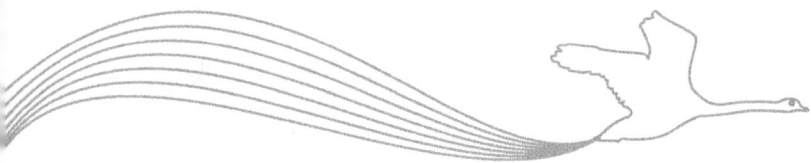

第 8 章

莫名其妙的冠军

Isn't It

Obvious?

淮德走出电梯，到商场的地下层。那个可怕的早上已经是近四个星期前的事了，他很高兴地发现，大厅不再有臭气。卢耳刚刚告诉他，所缺的最后一批接头已找到，因此，工程将提前完工，淮德赶下来，想看看他是否能够得到一个时间承诺，将他的货品重新搬回储物室。

走进他的储物室，他看到新的水管已在天花板上安装好，但尚未加上石膏，听见隔壁发出声音，他伸头窥探了一下。

"还是我们好吧？"水管承包商亚奥微笑着说。

"非常好，非常好。"淮德回答，拍拍这个小个子男人的背部，"你认为什么时候我可以开始将货搬回来呢？"

"最多还有一个星期吧。"他回答，"我们有一项测试要进行，在明天一大早。我得检查一下所有水管都不漏水，我们仍然需要在所有位置封上石膏。明天下午找我谈谈吧，到时我会更明了整个情况。"

淮德非常感激他，听见事情将很快恢复正常，他如释重负。

＊＊＊

"爸爸，蕾卓将在本周末开通宵生日舞会。"丽莎一边扣上安全带，一边问，"我可以去吗？"

"我去请示妈妈吧，但我认为没问题。"一如每个星期三，淮德正接女儿回家途中。当她开始列举出席者的名字时，他的手机响了。

"亲爱的，我得接听电话。"淮德说，"你好，我是淮德。"

"嘿，淮德，我是财务部的鲍宝，记得我吗？那次公司员工野餐是我搞的。"

"哦，当然记得。"淮德脑海中浮现了一个戴眼镜、胖胖的、满头大汗的男子的模糊印象，"鲍宝，我的电话开着免提，我的女儿正在我的汽车里。"

"没问题，淮德，我相信她会很高兴听到，这个月，你的商店已升至第一名。"鲍宝说，"我想打电话告诉你这个好消息，恭喜你！"

"非常好！"淮德压抑着他的疑惑，"谢谢你通知，我相信商店中每个人明天都会很高兴听到这个消息。"

"不用谢，淮德，"鲍宝回答，"请转达我对嘉露的问候。"

淮德礼貌地结束了通话，这已经不是第一次有人认为巴结到老板的女婿就可得分了。

"哇，爸爸，"丽莎说，"你的商店是第一名！你会得到某种形式的奖励吗？"

"我女儿的一个吻。"淮德说笑，"但不要太兴奋，这可能只是调整。"虽然商店的销售额最近一直在改善，但他知道他是没办法爬到高峰的。

"调整？"他的九岁女儿问，"那是什么意思？"

"那就是当财务部人员改变公司某些部分的价值而不涉及买或卖任何东西时。"他试图解释，从后视镜中看到她困惑的表情，他想不出来有什么更合适的例子，只好随便说一个，至少可以澄清有关概念。"例如，如果一个区域的房地产价格上升，那么，公司在该区的物业的价值也就上升了，会计师就把这个作为利润入账，虽然并没有真金白银进入公司口袋。"

丽莎显然感到失望，说："那么，这是虚假的吗？"

"假的，亲爱的，你看，下个月商店的数字大概会下跌至原状。"在账面上，他的商店升至第一名，他开心，但并不满意，虚假的成功不算成功。

"噢。"她说，但突然跳起来，"没关系，不管怎样，爸爸，你会得到一个吻，尤其是如果我能够去蕾卓的舞会。"

***

"妈妈，通过调整，你可以爬上第一位，但不是真的，你知道吗？"

淮德和丽莎刚由前门进来，嘉露就下楼到前厅来见他们，她穿着她最喜欢的晚礼服，差不多准备好双双赴晚上的筹款舞会。嘉露不知道女儿指的是什么，望着淮德，淮德马上敦促孩子离开，到书房去。

"走吧，做点有用的事。"他建议。

"可以解释一下吗？"很自然地，嘉露感到疑惑。

"财务部的鲍宝打电话来，"淮德放下他的公文包，解开领带，"他说这个月我的商店在本区域是首名，所以我向丽莎解释，这只不过是调整而已，不是真的。"

"调整？什么类型的调整可以使你的商店爬上第一名？"嘉

露问，她先走上楼梯，"还有，这完全没有意义，如果真的是调整，财务部是不会打电话给你的，他们永远不会恭贺你，如果你根本与此无关。"

"也许事情恰恰相反，也许鲍宝想向我暗示，我欠了他一个人情。亲爱的，我要快速冲个澡，然后出门。"淮德走进主卧室旁的大浴室。

"我越深入想，"在身后的嘉露说，"我越相信，你的排名跟财务部无关，内部排名是那么敏感，财务部早已懂得千万不要在那里动手脚。亲爱的，它只可能是真的，肯定有些东西令商店的表现真正腾飞起来。"

"好吧，也许你是对的。"淮德承认，同时把他皱巴巴的衣服抛进篮子，"这个月，商店的销售额不错，但这与我无关，你知道，销售总是有波动的，往往没有明显的原因。"

"别来这一套了，淮德，你否定得过早了。"嘉露无法摆脱这个谜团，开始思考。"你有没有推出什么新举措？你有没有改变什么呢？"

"在我的周遭，一切都在变，变是变了，但只有变坏。"她的丈夫在水雾中叫嚷着，"由于水管爆裂，一切都乱七八糟，储物室还在修理中，因此货品只好离场安置，鲁泽每天从区域仓库发货来，我一直度日如年。"

"是的，我知道。"嘉露一边说，一边走出去试戴三对不同的耳环。淮德穿着绿色浴衣从淋浴间出来，擦干他的头发。她接着说："如果你的商店的表现好转了，一定是由于某些事物被改变了。你的商店过去几星期以非常古怪的方式运作，也许跟这个有关系，你有没有注意到某些正面的事物？"

"嗯，销售量增长了，由于我清除了那么多库存，甚至超过实际需要，陈列的效果好多了，陈列可以对销售量产生这样的影响吗？"

"当然有可能。"嘉露回答他的假修辞性问题，并快速坐下来穿上 12 厘米高的高跟鞋。"较好的陈列吸引更多顾客进店。"

"但进店人流并没有增加。"淮德从衣架上取下新近熨好的礼服，并开始穿上，"我仔细观察过，每天收银机的铃声多出了 20%～30%，但进店顾客人数跟以前没有什么不同。相信我吧，在这家商店待了这么多年，任何改变都逃不过我的眼睛。"

嘉露已习惯了丈夫从言语中表达出来的挫折感，她变得更有决心追寻淮德的意想不到的成就背后的真相。"那么，销售额增加一定不是由于更多人进店，而是由于每个进店的顾客的平均购货量提高了。"她总结道，"是什么原因导致这个呢？"

"我不知道。"淮德一脸毫无头绪的样子，她帮他扣上袖扣。

"什么可以令销售额增加 20%～30%？"嘉露大声说，"不是通常所认为的，如促销或非常特别的新产品系列，那么，会是什么呢？"

淮德打好他的领带："我告诉过你，这只是由于波动而已。"

"也许，"嘉露回答，并把丈夫结婚十周年时送给她的项链交给他，"你能帮帮我吗？"

项链系好，外套也穿上了，夫妇俩到他们的百丽米德大宅的底层，丽莎正在厨房帮佣人胡安妮准备晚餐，而宾恩正聚精会神于书房的游戏机上，他们走过来向子女吻别、道晚安，并告诉胡安妮他们大概在十一点回来。

走近车子，嘉露果断地取出钥匙，淮德明白今天晚上将由她开车。车子开动了，嘉露说："你知道，亲爱的，还有别的东西可以增加销售额，不过，我看不出它可以如何解释你遇到的情况。"

"你指的是什么东西？"淮德问。

"因缺货而丧失销售额，每个人都指责采购部——要我们买足够正确的东西，要我们加强催货……我经常受到压力要减少缺货，但我看不出你的商店古怪的运作方式有可能减少缺货。"

"我也看不出，但有趣的是，我的缺货情况确实减少了，大大低于过去。"淮德确认道，"但减少缺货不可能是销售额上升的驱动力，2%或3%，我同意有可能，但是，20%？绝对不可能。"

"只有2%或3%？"他的答案令嘉露吃惊，她反驳，"这跟你一直对我讲的故事相反，过去三年，你不断就缺货向我抱怨，所有这些躁动都是关乎一些几乎不影响销售额的东西吗？"

淮德开始发言，但嘉露打断他的话，并愤怒地踏油门。"不——不用说了，不只是你，每个星期，区域经理都向我叫骂，抗议我没有买足够的存货，向我施加压力催这个催那个，好了，你却在这里声称这一切其实并不重要，我不接受。"

"肯定重要，我没有说不重要。"淮德说，希望她把车速减慢，"2% 或 3%，已是很有意义了，但由于缺货而丧失的销售额占总销售额就是这么少，毕竟我们卖的货品多是可替换的，人们进来要毛巾，就买毛巾，如果他们找不到他们想要的毛巾，就买其他牌子算了。"

"但床单又如何？"她质疑，车子转入 I-95 公路的入口坡道。"如果我要买床单，而商店没有我喜欢的那种，我不但不会转买其他牌子的床单，以后我大概再也不会到那家商店了！"

"你在讲什么？"淮德开玩笑地骂他的妻子，"床单是你的家族生意，你从来不需要到商店买！但无论如何，你比一般人挑剔。"

"也许我是。"她反驳，仍然不满意他的答案，"但是你正失去所有挑剔的顾客，而你的客户群正是爱挑剔的博卡拉顿滩女士们。坦率地说，我认为缺货就是人们没有买任何东西就离开你的商店的主要原因。"

"来吧，嘉露，别看歪了。"淮德说，看着水中闪烁的街灯倒影，"基本上，每五个进店的人中实际只有一人买点东西，不是因为缺货。我敢说，不多跑几家商店就决定买地毯或床单，这样的女人你不会找到。"

嘉露的直觉在尖叫，淮德是错误的，缺货对销售的影响远远大于他的估计，可是她怎样向他证明呢？她尝试另一种角度："你通常有多少短缺？我的意思是，如果你拿一张你的商店应该持有的货品清单进行一次库存盘点，有多少货会完全不见踪影？"

淮德沉吟了一会儿："唔……我估计，介于 1/4 和 1/3 之间吧。没错，2 000 个我们应该持有的 SKU 中，大概 500 或 600 个没有货，但是，亲爱的，抱歉这么说，这不是由于我或鲁泽。"

嘉露不理会他将问题归咎于采购部的企图，这不是眼前的真正问题。她让一辆小斯巴鲁车超前，然后循北面出口转入奥尔顿大道。"我猜测，卖光的货品都是较受欢迎的，对吧？"

"那当然。"

"问题就在这儿了！"她叫道，差点错过西奈山医疗中心的入口，"如果大约 1/4 SKU 缺货，而缺的都是好销的货，你怎么还能声称缺货对销售额只造成 2%～3%的损失呢？"

当嘉露向管理停车场的男人出示请柬之际，淮德试图适应这个新发现，他还不完全信服他的妻子的说法，他试图看看这个说法能否解释为什么他们最近的销售额会增加。"我猜，最近我们的缺货情况减少了，大幅地减少，不要问我具体的数字，我还没有真正核对过，但我的印象是，缺货大幅度下降至不超过 200 个 SKU。"

将车子停进停车位，嘉露无法控制心中的兴奋。"跟以往月份相比，店中的 SKU 多出数以百计，当中很多是较受欢迎的货品，这不只关乎那些爱挑剔的博卡拉顿滩女士们！这些都是你的顾客们真正想要的东西！你怎么可以说这只导致销售额增加 2% 呢？"

"好吧，好吧，这可以解释 20%的销售额增长，但是，亲爱的，"淮德一边说，一边松开安全带，打开车门，"为什么这个会发生呢？我的意思是，为什么缺货会俯冲式地减少？所有我做的，就只是将库存从一个地方转移到另一个地方而已。"

嘉露眉头一皱："也许跟鲁泽有关？"

"一定是。"淮德表示同意，"明天一早我找他看看。"

他们进入宴会会场，她的手舒适地挽在他的胳膊上。

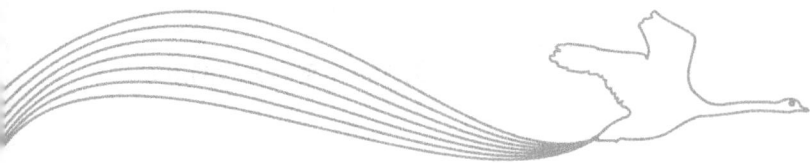

第 9 章

减少缺货，扭转乾坤

Isn't It Obvious?

第二天，淮德从后门进入，看见渣威和珍妮在色彩鲜艳的小厨房喝咖啡，他好奇他俩是否在下班后约会。

"早上好。"他走过，向他们打招呼。

渣威拦住他："早上好，老板，我听说楼下的工程几乎完工了，我猜情况很快会恢复正常吧？"

"对，在一个星期左右吧。"淮德说，"感谢你的耐心。尽管混乱，这里的进展怎样？"

"我一直在努力，但情况是好的。"这位毯子部经理回答。

"珍妮，你呢？"

"每个顾客都面带微笑。"这位金发的餐桌部经理回答，"一定是由于那个你派我们去参加的积极态度威力研讨会吧，的确有效！"

"听起来不错！"淮德竖起了大拇指。

继续昨晚谈话的思路，他问："有多少短缺？我的意思是，过去一个月中，有多少个 SKU 缺货？"

"比平常少得多，我以前每小时有一次缺货，现在也许是每天一至两次，你是知道的，老板。"她兴奋地说，"也许这就是店中气氛良好的原因吧，在我们的货架上找到他们要的东西，导致更多满意的顾客。"

"有可能，但这对销售额的影响有多大？"

"当人们找到他们要的东西，当然就多买一点了。"她明快地回答。

"这肯定也是我那边的情况。"渣威同意，一脸笑容。

***

淮德利用计算机系统检查 1 月店里有多少 SKU 曾在缺货清单中出现，然后，他查看这些 SKU 在 2 月的销售情况，这些 SKU 的收入约等于销售的增额。很明显，店中有更多货品出售，导致销售额大幅增加。

然后，他查看了 2 月的缺货清单，清单显示缺货已从 29%下降至 11%。嘉露是对的，珍妮也是对的，缺货下降是改善的主要原因。

然而，昨天晚上的问题仍然困扰着他，缺货怎么可能比平时少？再者，如果商店卖出多了那么多，缺货应该更多才是，而不是更少。他做的只不过是将他的库存从一个储物室搬到另一个而已，而且距离更远。

唯一合理的解释是，鲁泽不光从淮德的库存发货过来，他一定在发过来的货中也添加了区域仓库自己的库存。鲁泽，好样的。

不，这个解释不能成立。每个缺货的 SKU 都已附带一张经常性订单，那就是，当商店的库存量下跌至既定的最低库存量之下时，系统就发订单。那么，店中缺货其实是由于区域仓库也缺货，这些突然出现的库存，到底从何而来？是不是由于载有他缺少的货品的大船刚好抵达港口？可能性不大，到底真相如何？

他拿起电话。

"鲁泽，早上好。"

"嘿，淮德，什么事？"

"我想了解一件事。"淮德说，"你发来的货是否包括总库存的货而不光是我的库存？"

"是啊，你没有查看你的特殊订单清单吗？"

"你真够朋友，鲁泽。"淮德回答，"但我并没有发任何特殊订单啊。"

"在某种形式上，你有的。"听起来鲁泽像被逗乐了，"当你每天发来的清单上包括那些你知道已缺货多个星期的货品时，那不就是特殊订单吗？"

淮德意识到，他的朋友指的是玛丽亚恳求他挤进清单的那些在爆水管前已缺货多时的货品。"但你是怎样弄到这些货品的呢？当你有货时，难道你不马上发给已来了订单的商店吗？"

"这要看你如何定义你所谓的'有货'。"鲁泽澄清，"所有你们这些商店经理，以及总部会计员，都指责我货品不齐就发货，所有人都宣称偏离既定的订货量会给季末及年终结余带来很大麻烦，这似乎是一个大问题，以致新的系统根本不允许我在订单上的货品不齐时就发货。"

"我很高兴你找到这个机会一发你对会计部的牢骚。"淮德插嘴，"但这跟我的问题如何联系上？"

"有直接关联。"鲁泽回答，"如果你的商店订四盒某货品，我只有两盒，我不能发给你，因此，最终区域仓库就堆积不少这样的残留库存。这对我们来说不是什么大不了的事，因为根据定义，残留物资是少于一家商店一张订单上的订货量的，但是，相对于你每天要求的货量，那就是很大的量了，这就是你的那些货品的来源。"

"鲁泽，再次谢谢你。"淮德感激地说，"由于你的做法，我的缺货大大减少了，因此，这个月我的销售额上升了约25%。"

"真令人印象深刻。"鲁泽很高兴，"我要告诉负责装运你的货的同事们，他们的工作是何等有帮助。"

"请代表我个人向他们致谢。"淮德总结，"并再次感谢你，鲁泽，作为补偿，下回我们去看球赛，门票由我包了。"

"可否也包啤酒呢？"

淮德反省：不仅嘉露对了，而且，谢谢鲁泽，更多的好事发生了。当他允许玛丽亚在发给鲁泽的订单上加上她缺的货时，淮德只是想息事宁人而已，而他得到的却远远超出这点，这些订单是他成功的根源！

缺货减少了，销售额增长了，淮德清楚地看到了两者的关联，博卡拉顿滩商店的业绩改善肯定不是由于一个月的波动或运气。

这会不会正是他祈求的最后一刻奇迹呢？他有没有找到一个系统的方法来改善商店的业绩呢？如果有的话，那么他已理直气壮地赢得了他即将到来的晋升了。

然而，一些不确定性仍然在扯他的后腿，有些数字无法互相吻合。一般来说，博卡拉顿滩商店的销售利润率是 6%，因此，当商店的销售额上升了 25% 时，利润率增长应该是 25% 的 6%，即 1.5%，这会将淮德商店的利润率从 1 月差劲的 3.2%推高至接近 5%，但仍然与第一名的迪拉古相差一大截，他们通常超过 7%，那么，淮德是怎样从第八名爬上第一名的呢？

为了破解这个谜团，他叫艾娃接通财务部的电话。

"嘿，淮德！"听来鲍宝真的很高兴接到博卡拉顿滩商店经理打来的电话。

"鲍宝，我可否冒昧地问一下，上个月我的商店的表现跟本区域其他商店比较如何？"淮德问。

"正如我告诉你的，博卡拉顿滩商店这个月是第一名。"

"是的，你是这样说的，谢谢你。"淮德说，"那么，互相比较呢？我们胜出了多少？"

"淮德，我不便披露其他商店的资料。"鲍宝回答，"所有相关资料将包含在下星期发出的报告中，但是，我可以告诉你你的商店的数字，虽然这仍然不是最终的数字，你的商店的利润率达到了 17.4%，这让你的商店在集团中升至第一名，其他商店望尘莫及。"

淮德致谢，挂断电话。集团第一名？17.4%？这是不合理的，一定是太有创造力的会计炒作、调整或纯粹的恶作剧，也许他们把保险赔偿金当作他的收入入账，也许他们把该月的储物室租金注销了。

有一件事淮德是肯定的，那就是，这个数字不可能是真的。

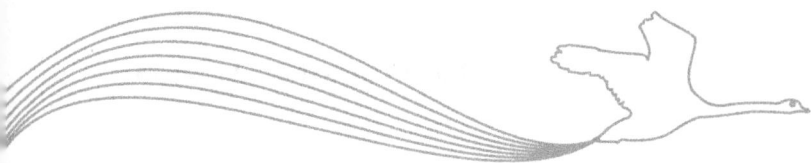

第 *10* 章

没有打广告、减价甚至加班

Isn't It Obvious?

"嘿，亲爱的。"嘉露沿着车道飞跑过来，喊道。淮德一直佩服她的体力，她问："有任何发现吗？"

"我发现了，我应该多听你的话。"淮德边承认，一边亲吻她的脸颊，"你说得对，销售额增加并非靠侥幸，这和缺货减少是连在一起的，而且你的说法也是对的，的确由于鲁泽的介入。"

"那么，你是本区域的第一名了！"嘉露笑了，"我告诉过你，这个消息不是假的。"

"是的，很正确。"淮德玩世不恭地回答，"利润率达 17.4%。"

"认真点吧。"嘉露回答。

"是直接从财务部人员口中听到的，"淮德说，"你看，这很荒谬吧？"淮德耸耸肩，然后走进厨房，看看他一手烹制的烤宽面条，嘉露紧跟其后。

"也许你听错了？"嘉露问，"也许他被你弄糊涂了，其实是指 7.4%？"

淮德转向她，说："17.4%，鲍宝还表示，不仅是本区域第一名，在整个集团也是，他没有混淆，他们的数字游戏快把我弄疯了。"

"财务部人员是不玩数字游戏的，更不会在排名上玩，他们说什么都是经过查证的。"他的妻子反驳，并在橱柜中取出四个碟子。

淮德一脸疑惑，说："也许是这样，但我仍然觉得很可疑。"

"很奇怪。"嘉露承认，将碟子放在餐桌上，"我也看见过一些商店达到两位数的利润率，但那总是为时甚短，而你的商店所取得的销售额大幅增长是基于一些系统的做法，是可持续的，这是一匹不同颜色的骏马。"

"我曾经算了算，亲爱的。"淮德解释说，并把烤箱关掉，西红柿、牛肉和奶酪的香气充满了厨房，"以我的销售额增长幅度，利润率应该是 5%或不到。"

嘉露一边摆放银器餐具和餐巾纸，一边问："那么，其余的12%是从哪里来的？如果不是来自销售额，我肯定你削减成本达不到 12%那么多。"

"当然，这场危机令我非常担心销售额会下滑，以致我不敢削减任何可能进一步危害销售额的开支。"淮德皱起眉头，将双眉挤在一起，"等一等，亲爱的，现在我记起来了，上个月我没有多花一分钱，虽然我的销售额大幅上升。"

"这很有趣。"嘉露大声说，手持酒杯，"我一向以为，销售额上升了，营运费用会按比例增加。"

"我这个例子就不是。"她的丈夫一边回答，一边戴上烤箱手套，"我有更高的销售额，但开支跟上个月是一样的，我不但没有利用折扣来促销，我还没有打广告，甚至没有加班。"

"那么，你的开支跟 1 月是一样的？"

"绝对是。"

"那么，你多卖了 28%的货品而又没有增加一分钱的营运费用！"她叫道，她的兴奋之情令她忘却双手仍然拿着酒杯，"这就意味着 2 月的额外销售额，其成本仅是采购的基本成本而已！售价减货品来价，就全归入你的纯利！"

"采购成本大概是售价的一半，对吧？"淮德兴奋地推算，眼珠子闪着亮光，挥动着烤箱手套，"那么，这就意味着我的商店的额外销售额的另一半通通是纯利。"

"30%的额外销售额的一半，变为 14%的额外利润，这就将你送上第一名的宝座。"嘉露兴高采烈地跳跃着，"现在你相信你的第一名是实至名归的吧？"

"哇，这是真的。"淮德惊讶地说。

厨房静下来，嘉露终于放下酒杯，淮德将宽面条从烤箱中取出，放在餐桌中央的金属架上，一边思考这一连串的新发现。

他真的令商店有利可图了！他已找到了一个更好的方法来管理商店，他现在的挑战是，确保这些成果不会被浪费掉，只有当新方法能在整个区域推广，可能是整个链条时，才能令他的成就变得真正具有价值。有了这些数字，他知道他在企业阶梯上的爬升跟他的老板女婿的身份完全无关了，现在再也没有理由到处派发他的求职履历表了。

他热情地吻着嘉露："亲爱的，一番东奔西走，总算有了回报，我试图灭火，却找到了成功的路径。"

"这只是时间而已。"

"谢谢你，嘉露，"淮德说，"更应特别感谢鲁泽。现在，我不再要求他把所有我的货送回，相反，我要说服他继续每天补货

（replenish），永远继续下去。这并不容易，每天向我小批量发货，必定把他的员工逼疯了，我还怎么去说服他在整个地区都这样做呢？"

"也许我们应该从你的经验中学习。"她一边说，一边打开冰箱取出沙拉。

"什么意思？"

他们继续布置餐桌，她解释说："昨天，你一心想做的事只是一切恢复正常，你抱怨一切都乱七八糟，你没有你所需的库存，鲁泽给予的是仅够糊口的供应。而现在，短短 24 小时，你的看法有了一个 180 度的转变。"

淮德笑着表示同意。嘉露继续说："如果我们能够找出到底是什么促使你拥抱改变，这可能会给你说服鲁泽的钥匙。"

"有道理。"淮德表示同意，"到底是什么促使了我改变态度，这是很明显的，昨天，今天更甚，我明白这项改变正是我梦寐以求的，它将缺货降低，销售额大幅度增长，进而令我的利润大幅增加。"

"这种情况你早就知道，在昨天之前，你已知道缺货现象在减少，也知道你的销售额在增长。"

"对呀，不过我没有把各种现象关联起来。"淮德一边回答，一边用手将一只假想的苍蝇从食物上赶走。他继续说："我知道我的缺货现象在减少，但我不知道的是，这正是缘于这项改变。我怎么知道在每天的货品运输中鲁泽懂得用仓库的残留物资来供应我的商店？此外，我也不知道，减少缺货会这么戏剧性地影响销售。"

作为对嘉露举止的反应，他急忙继续说："在你再在我的头上重重一击之前，让我提醒你，直至五分钟前，你和我都没有意识到销售额的增长会这么大幅度地令利润跳升，而且它不涉及任何减价或开支增加。的确，所有的事实都活生生地摆在我的眼前，但是，只要我没有抓住正确的因果关系连结，我就无法领悟到这项改变是利润大幅跳升的直接原因。"

"你知道，爸爸可能是正确的。"嘉露低声细语。看到淮德惊讶的表情，她解释："他称，当人们将一项改变评价为好的东西时，他们就会接受它，当你对改变所带来的影响的评价转变时，你对改变的态度也会马上转变。"

"这很明显。"淮德耸耸肩。

"因此，要说服鲁泽，你必须做的是，确保他用的也不是错误的因果关系连结。"

淮德将他的下唇吸入，这显示他仍然有点摸不着头脑，但在嘉露提问之前，他向楼上喊："孩子们！晚饭准备好了！"

他转向嘉露，说："我迫不及待地想告诉丽莎，我们夺得第一名是千真万确的。"

* * *

吩咐完丽莎和宾恩将碗碟放进洗碗机，嘉露引领淮德回到书房。

"那么，我身穿闪耀盔甲的武士，"嘉露说，"在吃甜品时，你的表情像在沉思，有什么东西正困扰着你？"

淮德摇摇头，说："我在想明天如何说服鲁泽。我不必进行你我曾进行过的脑力激荡，相反，我可以演示我从收集到的资料所得出的因果关系连结。但是，亲爱的，这还不够。"

"为什么？"她一边问，一边坐下来，将她的长腿搁在她的其中一次远东之行所带回来的脚垫上，"如果他能清楚地看到一桶金，他一定会同意尽点儿力，令计划成真。"

"不要跳到那么远。"淮德给自己倒一杯水，"我看到了一大桶金所带来的好处，并不意味着他也能看到。鲁泽毕竟不负责商店的运营，他管的是仓库，作为仓库经理，盈利不是衡量他的指标。"

嘉露说："换句话说，你要说的是，虽然因果关系连结对他来说是清晰的，他对改变所带来的正面影响的评价可能会不同。"嘉露挥挥手，拒绝他递过来的白兰地酒，并继续说："你的看法有点道理，但我不认为你应该担心区域的利润增长对他毫不重要。毕竟鲁泽是公司的忠臣，向他展示为什么他的行动能够将你的商店的利润推高至等同于三家其他商店的总和，那么，他应该会积极投入，一点障碍都没有了。"

"但的确有一个很大的障碍。"淮德不同意，"我们只是在看改变所带来的好处和利益，即那桶金，但改变也带来负面的东西，要拿到山上那桶金，我们需要改变，我们需要爬上去，这需要努力和遭受痛苦。对我来说，爬这座山不难，而事实上，改变令我们的工作变得容易了。但鲁泽的情况并非如此，仅仅为了一家商店而提供每天补货服务，对他及他的人员来说，是一大痛苦。"

"有多痛苦呢？"嘉露问，"他们要做的只是把货品放到货车上而已！"

"是一大痛苦，以我的理解。"淮德解释，"为了向我的商店每天补货，他们需要打开箱子。此外，他的员工必须查看我的那堆货，如果缺少了什么，他们必须到他们那堆总库存中去找来给我，简而言之，他们的工作量确实是加大了。"

"那么，你是指，对鲁泽来说，那桶金的利益较小，痛苦却加深了。难怪你担心他给改变的最后总评价是负面的，嗯……有办法减轻他的痛苦吗？"嘉露大声说，以刺激思考。

"嗯……"淮德在考量太太的问题，并啜了一口白兰地。想了一会儿，他说："正如我所说，鲁泽的部分困难在于，要在他的仓库内处理两个库存堆，一个简单的解决办法是，他们只处理一个堆，将我的库存和总库存合二为一，这需要我放弃对我的库存的控制权，我是可以忍受这点的。鲁泽的痛苦大大减轻了，要说服他就容易得多了。"

"你知道吗？淮德。"嘉露若有所思地说，"一直以来，我明白说服别人改变是一项艰巨的任务，但我想，如果我足够地强调改变所产生的正面影响就好了，显然，这并不一定有效，我经常收到的反而是负面的反应，我总是将失败归咎于他们对改变的误解。"

　　"而你不一定总是错的。"淮德插嘴，"我是就我最近的经历有感而发的。"

　　嘉露说："对，但是我要说的是，我倾向于把注意力集中在我建议的改变所带来的好处上，而对负面的影响考虑不足，尤其是公司其他部门要面对的负面东西。例如，当我试图说服爸爸收购利安公司时，我精心准备了有好处的资料，但完全没有考虑收购需要大量准备来针对这项行动所产生的烂摊子，我需要从这个方向多想想，但现在你最好为鲁泽准备足够的数据。"

　　"对，谢谢你，亲爱的。没有你的坚持，我会丢失这个黄金机会。"

　　"你不用客气，"她说，并眨眨眼睛，示意他过来给一个吻。

第 11 章

四项要素

Isn't It Obvious?

区域仓库面积超过 700 平方米，全是箱子，全部面积都用作平台，几乎有 8 米高的天花板那么高。淮德穿过仓库，两辆叉车驶过，每辆叉车的大货盘装满纸箱。在装货区的货车旁，三个健硕的、身穿工作服和戴上防护装备的男人正搬货上车。

在仓库末端，一段楼梯上是经理的办公室，可以俯瞰整个庞大建筑物内的所有活动，站在楼梯顶端的是区域仓库经理鲁泽，表情有点儿困惑。

"那么，你终于亲自来取回你的货了吗？"鲁泽开玩笑说，"我会派我的工头协助，如果你迷路了。"

"哈哈。"淮德顶回去，"难怪你的体魄这么好——仅仅走到你的办公室，我的体重已减了 1 千克。"

"进来进来，我的咖啡机为你弄了点泥浆。"鲁泽说，"那么，什么风把你吹到这个荒芜之地？"

淮德走入开了空调的办公室，拿出他和嘉露昨夜讨论的几页纸。"原来，最近以来，水管爆裂是发生在我身上的最大好事，我曾告诉你，我的销售额增长了，只不过我还不明了它的全面影响，我现在是集团的第一名！"

鲁泽吹响口哨，表示赞赏。

"看看这些数字。"淮德指着文件，"这显示由于你，鲁泽，缺货下降了多少，再看看这里，这显示了一些货品的销售，如果没有你，商店是无法持有这些货品的。而且，看看这些额外的销售额，由于不涉及减价促销或开支的增加，令我的利润率上升至 17.4%。"

　　"真令人印象深刻。"鲁泽回答，"你不是想为此而指责我吧？
这就是你到这里来亲自向我道谢的原因？"他很奇怪为什么淮德
要到区域仓库来，虽然他赞赏他的姿态，但昨天的来电对他来说
已足够了。

　　"其实，我来不仅是要向你道谢。"淮德回答，他说话谨慎，
决定押后提出对方可能会视为具有威胁性的构想，即为整个区域
每天补货，转而选择一个较小范围的合作，即继续只为他的商店
补货，"我有另一个请求，一个大的请求，虽然我的储物室可能
在下周修好，但我认为我们应该继续过去一个月的做法。"

　　鲁泽沉默下来，在沉思中。淮德担心鲁泽会一口拒绝，他可
能已超出了朋友的界线而演变为额外的包袱。

　　"鲁泽。"他开始说，"我们开发出来的这个运作模式可以将
利润率提升至一个高度，没有人认为可以办到，我们应该继续这
样运作下去吗？我是否要求得过多了？"

　　"你知道你是要求了很多。"他回答，"这需要时间、人手和
组织，更不用说我的工人的投诉了，每天，他们拿着你的清单，
再看看你的商店的那一大堆库存还剩下什么……"

　　淮德想插嘴，但鲁泽继续说下去。

　　"他们必须从整个仓库找来你缺少的货品，拖到你的那个堆
去，打开整个箱子，但只取其中一件或两件，然后重新包装，准
备运输。真麻烦，他们讨厌这项差事。"

　　"鲁泽，我听得见你说话，但是——"

"没有人教导过你，当大人说话时不要插嘴吗？让我先说完吧。"鲁泽笑着说，"长期以来，我感觉到仓库的运作方式有点怪异。我们持有很多个月、很多个月的库存，但那么多 SKU 仍然缺货，太没道理了，不管我怎样干，我仍不断被责骂，这正好显示某些事情是错的。"

鲁泽从杯子中啜了一口黑色的液体，非常认真专注地继续说："你主张根据商店的真正需要发货，似乎就是我正在寻找的那类解决方案，它对销售额的影响是如此明显，正好支持了它的有效性。但要这个系统真正有效率，应该在整个区域实施才对，不仅在博卡拉顿滩。"

淮德简直不敢相信自己的耳朵，他曾经如此肯定，他要乞求，鲁泽才会帮他。要改变本区域所有商店的运作方法，这个主意绝非区区小事，他以为得用上几个星期才能说服他的朋友合作，鲁泽的反应完全出乎他的意料。

"问题是，"鲁泽说，"要进行此事，我们必须得到迈田的批准。"

"这个小气鬼。"淮德插嘴，他不喜欢他的直接上司，区域经理迈田。

鲁泽继续说下去，无视他的朋友的评语："话虽如此，我仍然担心物流上的安排，即使你得到批准，这件事仍需要很多改革才能成功，做点事方便一家商店是一回事，但以每天的消费量来为整个区域补货，我不知道怎样管理，我需要多一点时间来仔细想想。淮德，我是支持你的，但在改变区域仓库的运作之前，我要知道这些成果是可持续的。"

淮德充满期望地问："那么，你在说什么——我们是否将继续每天获得补货？"

"是的，当然啦。"鲁泽回答，"让我们继续，直至季末，看看进展怎样。同时，我会尝试探索如何更大规模地搞，我可能被我的团队埋怨，但他们得忍受一下了。"

"我有一个想法，可能令他们好过一点。"淮德说，"你说的，从两个池塘捉鱼很费劲，就像从总库存中找我的商店要的东西。"

"你知道，如果我将博卡拉顿滩商店的库存与区域仓库的总库存合并，我还需要在会计账面上做改动。"鲁泽说。为了确保他的朋友完全明白其中步骤，他补充说："其实你在建议放弃几乎全部库存，你明白吗？一旦它成为总库存的一部分，我就不能保证你可以拿到那批货了，我是不能私下分配我的库存的。"

"这不会困扰我，真正的问题是，这项举措我必须得到迈田的批准。"淮德面带怒气地说，"想一想，有什么方法可以令他批准呢？"

"简直异想天开。"

"谢谢鼓励。"淮德说，他知道迈田有多顽固，"但既然你已经为了我出了那么多力，我必须尽最大努力减轻你的担子，我尽快找迈田谈谈。"

他们一同走到仓库的大门口，淮德感谢他的朋友，并代表嘉露向荔诗和孩子们问好。开车前往博卡拉顿滩的路上，淮德对自己感到很满意，鲁泽在未来两个月都会全力支持他，这给了他一个真正的机会来证明系统是可行的。此外，以新方法运行整个区域的商店及它们的库存，他俩已有了默契。

现在的问题是，他怎样说服区域经理迈田，要他允许他们在会计账上转移库存？

***

淮德从区域仓库回来，心情既兴奋又忧惧。踏进办公室后，淮德叫艾娃接通区域经理迈田。

"嘿，淮德。"迈田优雅的男中音响起，"我正要打电话给你，我拿到财务报告，这个月你似乎得了第一名，我知道水管爆裂带来的麻烦有多大，我想亲自向你道贺，请告诉你的所有员工，我非常赞赏他们的辛勤工作。"

"谢谢你，"淮德回答，"但这不仅是辛勤工作的结果，我们用了不同的方法办事，是全新的方法。"

"你说什么？"

淮德告诉迈田他和鲁泽所制定的模式："你可以清楚地看到，我们应该在整个区域实施这个新方法！"

"停一停。"迈田说话的语气暗示两人当中谁才是上司，"我很高兴你的商店取得好的业绩，非常高兴，但是让我们把事情说清楚，我们有一个很好的系统，它运作良好，基于一家商店一个月的成绩就开始推行任何改变是滑稽的，没有人会这样做。作为老板的女婿，你可能习惯走捷径，但我相信的是基础牢固的、审慎的方法，这是唯一可以达致真正成功之道。"

"但数字说明一切。"淮德说，心中直冒烟。如果有一件事他曾坚持，那就是不走捷径。暂不理会他的侮辱，淮德专心地推进，"17%的利润率！让我们看看这个数字吧，如果博卡拉顿滩商店拿到的只是 7%，你会高兴吗？"

"只为时一个月，那不过是侥幸。"迈田果断地说，"你根本不知道这背后的含义，这可能是靠牺牲下个月的销售额而弄出来的，这意味着你将回到开始时的老模样。"

"至少让鲁泽和我继续吧。"淮德试图使迈田成为同道中人，"你会发现，这不是侥幸，这是一个新的方法，这个成绩也可以在区域中每家商店达到，月复一月。"

迈田回答："请通过一切手段显示给我看这个成绩是可以持续相当长一段时间的，然后我们再来谈。"迈田心想，毕竟他是不会有任何损失的。如果淮德成功了，这很好，这个区域将领先整个集团；如果他失败了，至少博卡拉顿滩商店经理会受到教训。

"好，迈田，但是，我需要你批准一个小小的程序上的手续。"这是淮德的目的，他希望自己的战略会成功。他故意一开始就提出一个他的区域经理会认为荒唐透顶的想法，深信迈田不会批准，不过，最后迈田会被诱进墙角，令他不得不让淮德继续他现行的运作模式。

经过一场短暂的——不是那么顺利的——辩论，迈田同意正式将淮德的商店库存转移至区域仓库。

尽管迈田的语气仍然是酸溜溜的，但淮德感觉他已经成功了，迈田已开了淮德所需的绿灯，让他跟鲁泽的合作可以继续，而淮德知道，用上根据每天消费量补货的新方法，他没有理由会失败。

* * *

那个晚上，由于一个很晚才开的电话会议，嘉露在晚饭时间之后很久才回到家里。她满怀感激地发现，丈夫把她的晚餐放在烤箱中保温。她在餐桌旁跟他面对面坐下来，她问："那么，今天那件事进展得怎样？"

"嗯。"淮德笑着说，"鲁泽似乎全力支持改变，但要求包括所有区域，不仅是我的商店。"

"这真的令人难以置信，但这正是我们想要的。我告诉过你，这个方法是有效的！"嘉露自豪地说，"有效地针对那些掩盖重大正面效果的错误的因果关系连结并同时减少那些负面的，就会让他看到改变的真正净价值！"

淮德不能自已，开始作弄她。"其实，"他直截了当地说，"正如我们所怀疑的，在他眼中，那桶金并不是那么大，只不过比'不错'好一点点而已，而我必须聆听关于他的痛苦的长篇论述，再者，他声称，他还不知道他怎么能每天为整个区域供货。"

"什么？如果是这样的话，你怎么说服他？"

"我没有说服他，是他说服了自己。"

"你还是不要愚弄我吧……"

看到嘉露恶形恶相的表情，他终于解释："很明显，还有另一件事令人们接受改变——一件我们一直没有想到的事——不改变所带来的负面后果。"

"你在说什么？"

"就拿我们所用的比喻吧，我们现在就站在一座山的旁边，山顶有一桶金，为了决定是否爬山，我们只看那桶金的多少，然后将之与爬山的痛苦作比较。现在，假设我们所处的位置有鳄鱼，我们可能会决定爬山，不管那桶金的多少，也不管有多痛苦。"

"只要爬山的痛苦比遇上鳄鱼的痛苦低。"嘉露同意，"但鲁泽遇上的是怎样的鳄鱼呢？"

"鲁泽似乎对现状很不满，实际上，他非常讨厌现状。商店持有的库存比他的多，但他们仍然经常为缺货而埋怨他，似乎认为他真的可以为这种情况做点什么。"

"真有趣。"她回答并思考了片刻，口中仍咬着鸡肉，然后继续说，"那么，我们有了改变的正面和负面后果，而现在我们刚认识到，不改变的负面后果也要顾及，如果是这样，正面后果也应该有，对不对？"

"为什么？"

"对称嘛。"

淮德耸耸肩，然后说："不管怎样，他坚持，如果想把我的库存堆加至他的总库存中，必须堂堂正正地在公司的账目上进行。"

"在程序上而言，他的说法无可厚非，但是此举，如果没有迈田的首肯，是不行的。"

淮德点点头，微笑着说："没错，亲爱的，所以，我不得不跟迈田谈谈。"

"全世界所有人中，这是你最喜欢的人了。"她开玩笑说。

"尽管这桶金很多，迈田，作为区域经理，也不需要面对什么痛苦，迈田就是迈田，他似乎反对这项改变。"

"淮德，不要把我拉进你的推论，认为人们抗拒改变就是由于他们的性格。"

"但有些人确实比其他人保守一点。"

"是的，但他们抗拒还是有某些原因的。如果不是爬山的痛苦，那是什么？迈田有没有解释什么来支持自己的立场？"

"他只是胡扯一顿，说你不能在一个运作良好的系统上搞风搞雨。"

"停一停，这不是胡扯，这就是我们遗忘了的那部分——不改变的正面后果。"

为刺激自己思考，淮德大声说出："迈田觉得他目前的销售额和利润还可以，因此，尽管我建议的那桶金有点吸引力，他还有一个正当的理由不支持改变——一个令他不想爬山的理由，像一条美人鱼，令他不想离开水边。"

"哇，小飞侠，"嘉露放声大笑，"你似乎好戏连场！一个藏金的宝藏、惊险的冒险活动、鳄鱼和美人鱼，以及作为压轴戏，你遇上你的克星——铁钩船长迈田！你如何在决斗中和他决战？"

"方法是，强调预期的宝藏有多大，并强调风险已降至几乎为零。"淮德解释说，并做出比剑的姿势，"我愿意将我的商店作为试点，仅我一家商店，仅于规定的时段内，因此，他可以确保一切有效运作，稳定且可靠。"

"有创意！"嘉露笑着说，"它真的能有效运作吗？"

"当然。"

"你知道，亲爱的，"嘉露说，"我应该更加重视的是，评价一项建议中的改变，有不止一项，而是四项不同的要素要考虑，试想想，我过去浪费了多少时间、汗水和血泪来强迫人们改变，而这些力气最终只化作风中的尘埃而已。如果我懂得做好有效的准备，我的成绩就会截然不同了，我应该先决定聚焦于四项要素中的哪一项，而不是简单地选取一项我自以为最重要的。

"对，的确如此。"淮德承认，"这些要素，以及相关的风险或利益，不同岗位的人有不同的看法。我、鲁泽、迈田，我们每个人对改变所选取的要素都可能不同，尽管大家都在看同一堆数据，以及对同一系统的影响。"

"如果你希望人们同意你提出的改变，你就要做足功课了。"她总结说，"你同意吗？"

"不用担心，你已说服了我。"他说着，站了起来。"要一点甜品吗？”

"在你脑海里，难道这还有疑问吗？"

***

铁登很讨厌装卸区输送带的噪声，他试图假装它没有弄垮他的中枢神经，两个员工正把箱子放上手推车，他看看清单。

"又少了一些东西。"他大声说。

"不要怪我，我只是司机。"这是他得到的不耐烦的回答。

"我知道，对不起。"铁登回答。

他皱起眉头，每天都有更多货品没有应要求发来，这些 SKU 的清单现在已超过一页长。

淮德已很明确地指出，将缺货减至最低是何等重要，他必须将这个趋势向他的上司报告。

***

淮德按了鲁泽家的门铃，今天轮到他带女孩们去上芭蕾舞课了。

"嘿，淮德。嘿，丽莎。你们早到了，妮琦仍忙着准备呢。"荔诗打开门，丽莎马上冲上楼，看看她的朋友怎么样了。"进来吧。"

"淮德来了吗？"鲁泽嚷道。淮德随着声音走到厨房，发现他的朋友围着一条写有"你是狂热分子"字样的围裙，正在切菜，淮德拿走几根胡萝卜，尽管鲁泽在盯着他。

"这条围裙很适合你这个大男人。"淮德嘲笑说，"有没有深点的粉红色？"

"不要作弄一个持刀的男人。"鲁泽笑了，用力切一个大洋葱。

"既然我已经来了，我们可以谈谈公事吧？"淮德问。

"这个，恐怕最终会把你变成你的岳父那样。"鲁泽开玩笑说，"但是，好吧。"

"自上星期我们谈话后，我们一直密切留意有否缺货，似乎，慢慢但明显地，缺货又卷土重来了，每天又多三至四种货品没有得到补货。"淮德说。

"你为什么觉得奇怪呢？"鲁泽问，"正如我告诉你的，你缺的货，我是从我的残留物资中给你补货的，但你寄望残留物资能供应你多久呢，尤其是当你卖得这么快时？对于越来越多 SKU 缺货，你不应该感到奇怪。"

这正是淮德最担心的，利润的整个增幅源于缺货减少。他们减少缺货，是因为鲁泽从他的残留物资供货。但是，当残留物资日渐消耗，商店就渐渐恢复到老模样了，淮德认为仍然有一件事可以做，他今天早来了，希望说服鲁泽行事。

"我在猜想，你可否从集团的其他区域仓库取点货？仓库有九个之多，起码有一两个会有不少我们缺少的货，而大部分区域仓库一定有残留物资，你可以安排区域仓库之间的输送吗？"

"你是认真的吗？"鲁泽顶回去，"只为了应付博卡拉顿滩分店的需求，我是不能够请求其他区域仓库运货过来的，根本不值得。"

"鲁泽，请再想一想。"淮德几乎在恳求，他知道他不应该批评这个人，而是应该揭示导致鲁泽低估正面并高估负面的错误因果关系连结。"请不要先从每天的极小批量操作考虑问题。虽然你每天运来的货量不多，但我每个月销售的总量就不少了，而且，你缺货就意味着这些货其实在整个区域都很好卖！这正是人们真正想买的，也是我们的老板那么喜爱的快销品。不要订小量——抓越多越好，你能够从其他区域仓库抓到的，我们都能卖，很快地卖，因此你不用担心库存过高，这对整个区域都有好处，不光是我的商店！"

"让我想想吧。"鲁泽不太理会他，他不相信值得花那么多力气来实行如此微不足道的想法。

看见他的朋友不置可否，淮德继续说："我的商店可以作为快销品的指标，如果我们要一个 SKU，而你有的只是残留库存，这就显示它是快销品，马上从其他区域仓库抓尽量多的库存过来，不要等到你用光才开口要货。"

"好吧，好吧。"鲁泽开始切芹菜。

"真的吗？"淮德说，不大相信。"你倒爽快，我认识你还不够深吗？我曾确信你心中有各种各样关于物流和运输成本的争论，你现在年纪大了，不那么死硬了。"

"大声一点，年轻人，我听不见。"鲁泽笑了起来，"但是，说真的，既然你现在迫使我想这个问题，我肯定，只需要打几个电话便成事了。我的意思是，我一定能在每个区域仓库起码抓到足够的残留库存，而且，由于我找的不是一个 SKU，而是整张清单，跨区域运送需要的可能不止一辆满载的货车。"

"那么，明天一早，你就安排跨区域运输？"淮德问，飞身走出厨房，以躲避一个飞来的洋葱头。他向楼上叫喊："女孩们，你们不担心迟到吗？"

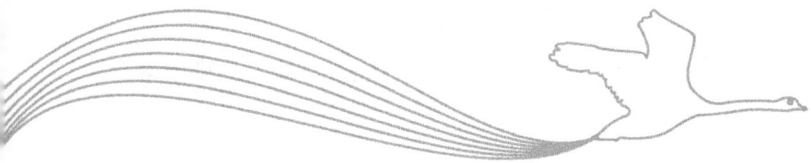

第 12 章

讨价还价

Isn't It Obvious?

早上不到七点，飞机降落了。两小时后，嘉露在潘迪设于新德里的办事处向他进逼。

"看看这个。"她把两条他最近运出的餐巾扔到会议桌上，"看看它们。"她要求。只有极细心的观察者才可以看出色调的微小差异。"一条是黄色，另一条是橙色，你答应过我，你们的质量是无与伦比的，我不能卖不匹配的桌布和餐巾！"

这位印度制造商不争辩，相反，他致歉。"对不起，对不起，我向你保证，这种事不会再发生了。"

"再发生？"嘉露顶回去，"给我一个很好的理由，为什么我要继续跟你们做生意。"

"在我们的染布过程中出现了一些问题，要从另一个批次中拨一些货到你那批货中。"他的浓眉挤碰着他的眼镜，"但我向你保证，我们已采取了行动，你不会再遇到这种不匹配的状况了。"

嘉露没有回答。

"这是我们的错。"他试图使她安静下来。

意识到她在这场争论中处于强势地位，她继续斜眼盯着他。

"我们将赔偿你。"在她追问如何赔偿之前，他急忙说，"现在我可否让你看看我们为今年而准备的奇妙的新产品系列？"

嘉露点点头，手放在餐巾上，确保它们将留在桌上。

两小时后，当一切最后都谈妥时，嘉露拿起餐巾，说："加20箱餐巾，有花卉图案的，运费你们包，我们将尝试忘记这件不愉快的事。"

潘迪犹豫了一秒,然后,展开笑容以示赞赏嘉露的谈判才能,回答说:"我很感激。"

***

从车的后座往外看,嘉露仍然很惊讶地发现,不久之前的农村这么快就变得令人眼花缭乱和都市化了,西方社会正从所有层面渗透进这个亚洲国家。当一列满载的火车驶过时,她在迈阿密的私人助理来电话了。

"早上好,嘉露,那是什么声音?"麦飞问。

"我在车上,刚从位于浦那市另一边的罕西的工厂出来。"她解释,"我很累。"

"刚去过他的亚麻制品厂?他怎么招待你?——要你坐在一台缝纫机前三小时?"

"我希望如此。"嘉露开玩笑说,"至少我可以安坐一下,然而,经过两小时的车程——不要让我开始诉说印度人是怎样开车的,罕西坚持要我看看他的工厂的每个角落,这又花了两小时。"

"他为什么要这样折腾你呢?"麦飞问。

"证明他的亚麻布的成本真的那么高。"嘉露解释,"上次我们谈判时,我试图压低他的价格,这一定是他的报复方式,我的脚踝疼死了,我确信他的亚麻布的价格是值得的,或者我起码确信我不要再到这里来了。"

"你真是个可怜虫。"麦飞安慰她。

"不过,我仍然成功地将价格压低了 2%!对了,你为什么打电话来？”

"蕾哈娜打过电话来。"嘉露可以听到他的声音在颤抖。"他们又再一次无法准时交付浴室地毡。"

"三犯了，她要出局了。"嘉露咬牙切齿地说，"请告诉她，他们违约，我们要终止合约。"

"你在开玩笑，对吧？"麦飞的心直口快幸好有他的勤劳作平衡，以及他在衣着上无与伦比的眼光，"她是那么友善，给她一点时间吧！"

"不，麦飞，这位亚利桑那州小姐竞选冠军应该学会什么叫承诺交货期。"

"我承诺一定会让她吃点苦头，但我们确实需要浴室地毡。"

"真的吗？有多少个仓库已经没货了？我希望在到达酒店时可以收到你的详细报告。"

"这样说来，我还有多少时间？"

"五分钟。"嘉露面带笑容说。

"那么，详细报告包括三个圆形比例统计图和七个图表？"

"加薯条。"

***

回到印度的大都市中，嘉露的时间只够洗澡和更衣，准备当天最后一个会议。她一边哼着小调，一边穿衣。由于今晚是跟一位潜在的新供应商用餐，她选择了一条蓝色西裤，她没有什么可损失的，作为一个潜在的新客户，她处于强势地位。

当她进入酒店雅致时尚的餐厅时，巴拉典已在等待，嘉露感觉印度美食和后现代时尚的结合似乎有点不够协调。虽然她的对手选择了条花哨的领带，但他的黑色外套暗示，他将集中于业务。

在吃前菜时，他们讨论了行业发展趋势，双方都想在真正较劲前争取一点时间。嘉露已经选定了汉娜零售集团需要的一些货及式样，但是，从他的关于他们的设计及特色如何独特的论据中寻找漏洞，总是比较轻松的。咖啡和甜点到来，就是要谈实务了，以古老的商人传统，他们开始讨价还价。

"这是一次试验性运作，所以它的风险对我们来说是很高的。"她坚决地说，"虽然我喜欢格子毛巾给我的感觉，但 0.85 美元一条，实在太贵了。"

"淮德夫人，能够接你的生意，真好，我们用最优质的纱线，而且，你也知道的，工资暴涨还得交税。"她的对手采取了传统的阵式。

"以 0.85 美元的价格，我就不会冒险购买 300 箱了，给我一个实在的价格，而不是那些荒谬的，我会考虑订购 500 箱。"她微笑着说。像一头雌老虎，她会削掉可能的每分钱，即使她要因此订比原来计划多一些的货。

这位年轻的推销员并不感到意外，相反，有机会卖更多的货，正中下怀。"你心目中的价钱是多少？"

"我们正在讨论的是厨房毛巾，不是浴巾，0.52 美元较为适合。"嘉露板起面孔说。

这位年轻男子假装震惊："我们不能以低于成本价出售。"

对他的戏剧性表演，嘉露连眼也没有眨一下，只是阴阴地笑。

"也许我可以减至 0.82 美元。"推销员碰碰运气。

"500 箱……"嘉露的声调像在唱歌。

"0.79 美元。"

嘉露示意服务员结账。

"好吧，好吧，我想我可以为你争取到 0.75 美元，但是，我肯定得赔上我的佣金了。"

"0.65 美元，并把相关的烤箱手套及茶壶围兜裙搭配定价为 1.95 美元，而不是 2.25 美元，这个我将订 100 箱。"

"你在折腾我。"巴拉典拧着他的双手，"降价 0.3 美元太过分了，我们可以减至 2.10 美元，这其实已经是过低的了。"

"就定为 2 美元吧，我会买很多打厨师帽子和外套包，"她提出，"它们跟你们其他产品是很好的配搭。"

"成交。毛巾 0.7 美元，茶壶围兜裙组 2 美元，厨师服饰 10 美元。"这位商人很满意，第一次和汉娜零售集团交手，就拿到一张大订单。

"不要那么快。"她回应，"以我的订货量，毛巾我付 0.67 美元。"

"你是一个难缠的谈判对手。"他认真地说，稍稍犹豫之后，他微微一笑说，"我们成交。"

他们握手确立协议。"明天一早，我会把相关文件发到你的酒店。"

"很高兴完成交易，巴拉典，我期待将来有更多生意。"

他离开后，嘉露多坐了一会儿，享受这个晚上和这个大院子的景观，她对自己很满意，这就是为什么她这么喜爱她的工作，她知道，没有人可以为汉娜零售集团取得更好的交易。她不仅大幅降低了产品的价格，她还加上了附属产品——厨师帽子和外套，她肯定这个将会热卖。

她还没有准备接掌父亲的舵手位置，但起码她对采购了如指掌，在这一块，她总是只干对公司有利的事。

贸易展览会满眼绚丽的展位、展板形成了色彩的海洋，旨在吸引买家关注展品的漂亮装饰、闪片衬衫、绸缎床单和柔滑的丝袜。印度纺织品展览会的第一天，嘉露一早就来了，她在偌大的展馆上下走动，陪同她的是佛罗里达时装公司的采购朱莉，她就是那类朋友，你在孟买碰见她，但在佛罗里达州你从来不会和她一起午膳，尽管你们住在同一城市。

"看见了吗？我们用上最新的软件以加快这个步骤。"声音来自头巾之下，"你可以带一个样本回去，以及我的联络方式，我们尽量协助你，好吗？"

"你看，嘉露。"将头发染成金黄色的朱莉说，"他们有互相匹配的超级英雄床单和睡衣，也许你可以搭配着卖。"

"不要开玩笑了。"嘉露回答，一边在掌上电脑上记下资料，她从供应商手中接过资料包，然后回答她的朋友，"你知道，我们不做时装生意，那就像改变头发颜色那样有高风险，让我们往前走吧，还有很多展品可看，而时间就是那么有限。"

沿走道往前走，她们在找霸劳亚纺织品公司的摊位，这家公司是她们的一位朋友推荐的，市场上出现的新公司总是值得看看的，况且，她知道他们的最大竞争对手亚拉巴马州的克雷格公司已经跟这家公司有了一笔交易了。

终于她们找到了摊位，看到了在一个偌大的陈列空间的中央竖立着一块小牌，摊位中一位年轻女士正以典型的印度歌曲式的语调道歉："这需要牵涉不少物流安排，我们无法赶得及在今早的开幕式前组织好，但货车已在途中，明天早上我们将会全面展出。"

嘉露知道自己明天不会来，心里想：他们在印度本土运一些重要展品尚且那么难，谁晓得当他们运货品出国时会出现什么问题，最好不要和没有组织能力的供应商打交道了。朱莉和嘉露继续往前走。

第 13 章

库存属谁

Isn't It Obvious?

"淮德，财务部的鲍宝在线上。"

距鲍宝上次泄露好消息给他已经三个星期了，淮德想知道这次又有什么事，他朗声回答："早上好，你好吗？"

"好，淮德，不错。"鲍宝的语气好像担心什么似的。"你一切都好吧？"

"是的，一切都不错。"

"好，那么，我可以问你一个关于商店的问题吗？"

"当然可以，请讲。"

"我们的清单中有个怪现象。"财务助理鲍宝小心翼翼地说，"我们正在试图找出错在哪里，我的记录显示博卡拉顿滩商店的库存量只是部分，只有全数的大概 1/4，我想查证一下，你这边是否也发现同样的事故。"

"没有，没有什么事故。"淮德笑了，"我们将商店大部分库存（其实是 20 天量以上的所有货品）的所有权转移至区域仓库。"

到底在搞什么鬼？鲍宝问自己。首先，商店是不可能以这么低的库存运作的；其次，虚假所有权转移实际上是一种犯罪行为。这两点就意味着，有人在暗里动手脚，但是，淮德是恒莱先生的女婿，这件事是可能曾获公司最高当局批准的，这个地雷阵真的要非常小心跨越才行。

"这是一项不正常的举动。"他做出反应，然后问，"那么，如果我看看南佛罗里达州的区域仓库，我会在他们的库存清单中找到一个相应的改动，对吧？"

"对，肯定是这样。"淮德回答，"起码，库存就在那里。"

"淮德。"鲍宝说，仍然感到不安。"你也知道，这项所有权转移是不符合我们的会计规条的，它需要上级管理层批准。"

很久以前，淮德已得出结论：硬币点算员们生活在自己的世界，一个满是规则和律例的世界。他以平和的口吻回应说："这是区域经理迈田授权的。"

"恐怕这还不够。"了解到经理们往往不理会这个说法，鲍宝澄清，"我得让我的上司知道这件事。"

淮德不想问谁有权批准这件事，因为他恐怕答案就是营运官。淮德清楚地知道，祁道发在看到新做法持续取得成果前就批准他们以这个反传统的方式运作，机会几乎是零，鲍宝的介入可能会令他和鲁泽前功尽弃。可恶的官僚主义。

他声音明亮但客气地问："为什么迈田的批准还不足够？"

"除非情况非常特殊，我们的程序要求所有库存以它们的所在地入账，而特殊情况是需要有完整的记录及授权批准的。"

淮德的声音稍微提高，回答说："但库存实际已在区域仓库。"

"库存真的从你的商店搬到区域仓库？"鲍宝的疑惑很明显地传了过来，"看我有没有误解，商店其实以差不多零库存运作吗？"

"如果你把未来 20 天的销售量也当作差不多零库存的话。"淮德回答，"我们发现，这个库存量其实已经是很高的了，正如你从你编制的我们上个月的数字已经知道的，我们拿了第一名，不是吗？"

"我不明白。"鲍宝回答，"上个月你有骄傲的一个月，毫无疑问。但这跟你们把库存转移的决定有什么关系？据账上所示，转移是在本月初才进行的。"

鲍宝在公司内相对来说是比较低级的人员，但如果他启动调查，一定会惊动祁道发。淮德深深地吸了一口气，开始解释："鲍宝，你可能已听说过，大约两个月前，我的储物室被水淹浸，我不租昂贵的临时空间，相反，我决定暂时转移相当多我们的库存至区域仓库。"

"到目前为止，我明白你所表述的。"鲍宝评论。

"从那时起，"淮德继续说，"我的商店只持有 20 天销售量的货品，深受上个月的成绩鼓舞，我们决定把新做法延续下去，直至另行通知。"

"但是，这就变成永久性的改动了。"鲍宝插嘴，"在账上必须记清楚的。"

"这正是我们所做的。"

"我明白了。那么，账上现在显示的，其实是两个月前已完成的转移。"

"正确。"

"呀，那么那些数字是真的呢！"鲍宝很高兴谜团已打开。

"你是指什么？"淮德问。

"我只是惊讶，我一直留意你的商店，你的利润提升了，很自然地，你的投资回报率也提升，但现在你削减你的库存削减得那么厉害，你的投资回报率冲顶了，我从来没有见过这样的事情！"

"谢谢，"淮德说，"感谢你让我知道情况。"

"你认为你可以保持这个势头吗？"

"这是我的目标。"

"哇，这是如此惊人。"鲍宝兴奋地说，"你的利润仍然是整个集团的第一名，而现在，以这样的投资回报率，我知道，从公司马房的马中，我要投注于哪一匹了。"

＊＊＊

当晚，淮德一家举行了一次网络视频会议，将孟买和佛罗里达州联系起来。当孩子们完成关于学业、体育和兄妹争吵的报告，淮德把他们赶走，准备上床睡觉，宾恩和丽莎一离开灯火明亮的书房，淮德就说："亲爱的，提醒你，明天晚上丽迪雅将带我们观看迈阿密市立芭蕾舞团的演出，我不知道为什么我会让你们两人说服我让孩子去，这一晚是学校活动。"

"宾恩还在发脾气吗？"

"是啊。"淮德苦笑着说，"他显得愁眉苦脸，说芭蕾舞只是女孩们的事，质问为何我不让他带他的 MP3 去，无论如何，我不知道我们能否在你外出之前联系上你。"

"对，亲爱的。"她回答，她的笑容在电脑屏幕上扩大，"我已在掌上电脑 PDA 上输入清晰的提醒指令——不要在八点前起床。"

"你可以那么迟才起床吗？"他风趣地问，"我还以为你每天早上跳下床，就跟朱莉上街购物了！"

"但愿如此。"她回答，"这次展览会并不是那么好，比去年差劲。博卡拉顿滩怎样？"

"嗯，鲍宝，财务部的捉虫专家，再次打电话给我，就我们把库存转至鲁泽账上这件事为难我。"淮德向嘉露描述了谈话的内容。

当他说完时，她问："他说你的投资回报率提升了多少呢？"

"他没有透露数字，只是说他从来没有见过这样的事情，但我可以给你一个很好的估计，我的利润率约为其他商店的 3 倍，我的库存约为它们的 1/4。"

"这就可令你的商店的投资回报率变为以前的 10 倍以上。"嘉露替他说完。

"10 倍，这不是很好吗？"淮德故作冷静。

"好？只是好吗？淮德，这简直难以置信。"嘉露不理解丈夫的冷淡。

"我还以为，"淮德放声大笑，"只有会计师会对数字着迷，我忘记了行政人员也喜欢玩数字。"

"淮德，你明不明白这些数字有多重要？"嘉露感到惊讶。

"老实说，我不明白。"淮德承认，"我不认为有任何理由感到兴奋，让我说完，亲爱的，利润增长是真的，但库存减少却不是。"

"什么意思？"嘉露疑惑地说，"你不是刚说过你的商店的投资回报率比任何其他商店高 10 倍吗？"

"对，真的如此。"淮德回答说，"那又怎样？"

"但是，看看这个是多么重要，"嘉露争辩，"看看全局……"

"如果你看看全局，亲爱的，从我的商店搬出的货，现在就在鲁泽的仓库里，货品的价值只不过是从公司的一个口袋转至另一个口袋而已，所以，公司的投资回报率并没有变，我真不明白你为什么这么兴奋。"

"淮德，相信我，公司总部视投资回报率甚至比利润更重要。"

"如果你说是，那就是吧，亲爱的。"

嘉露发现她在丈夫身上没有获得多少认同，如果她可以，她会从电脑屏幕爬过去，抓着他用力地摇几下。

"我为什么激动？因为这投资回报率的增加，跟销售的增加同样重要，对集团的扩展带来非常深远的影响。"

然后，以几乎是恳求的语气，试图令她顽固的丈夫了解，她说："淮德，你看不见吗？你的商店的业绩已决定性地表明了，商店能只以通常库存量的 1/4 成功运作，我们现在用投资额的很小部分就能开新店。当每家商店的投资回报率都是这么高时，要所需资本额得到批准，就轻而易举了。"

"哦，我明白你的意思。"淮德说，嘉露说法有道理，他想。"对不起，但投资回报率这个衡量标准难倒我了，作为一个负责实务操作的人，用相应的衡量——库存周转率（inventory turns），可以让我看事物看得更清楚一点，我的新运作模式也令商店的运作更有效率了，它提升了商店的库存周转率，大大提升，真正地大大提升。"

嘉露的笑容透过屏幕而来："我迫不及待要去跟爸爸讨论。"

淮德不愿意用家族关系走任何捷径，他本能地做出反应："等一等。"他补充说："问题是，连一个月我都不能搞砸，如果搞砸了，数字下降，迈田一定会迫我们走回头路，然后，一切都完蛋了。"

"你可以做点什么，保证迈田不会出手制造麻烦呢？我应不应该先跟他打个招呼？"嘉露开始担心。

"亲爱的，这个暂时由我来处理吧。"淮德坚决地说。

"我的英雄。"她说，给他一个飞吻，"对不起，我必须飞跑出去了，否则朱莉会把我推进一桶劲辣的绿咖喱里。天大的好消息、超级新闻，晚安，我爱你。"

"也对你说声，早上好。"

第 14 章

红黄绿地带

Isn't It Obvious?

铁登从博卡拉顿滩商场一个五光十色的摊位买了冷藏酸奶，他的女友对他的身材有看法，所以他得减少他的冰激凌消费量，无论如何，蓝莓—杏仁—牛奶旋涡是何其美味，又送一满匙进嘴里，他听到两个熟悉的声音正向美食广场走来。

"上星期五下班后，我经过那新商场。"渣威对伊莎贝说，"有三家新的百货店将进驻，我确信会用上像你那么有经验的销售人员的。"

"谢谢，"伊莎贝说，"我会考虑考虑。你和珍妮找到了什么实实在在的头绪来吗？"

铁登惊讶地听见，商店三个部门经理正在寻找新工作岗位。

他向他们走去，问："你们在说什么？"

伊莎贝支支吾吾，最后回答说："我们认定，商店不久将关门了，先另谋高就是好主意。"

"商店不会关门的。"铁登平静地说，"如果真的要关门，那准德会有所宣示的，他这个人比尺子还要直，更重要的是，我们还没有搞'结业减价大促销'呢。"

"事实胜于雄辩。"渣威回应，"两个星期前，下层各储物室已经可以重新进入了，甚至受创最重的卡飞书店也已恢复正常了。"

"只有我们这家的储物室仍然是空的，我们是唯一一家商店头顶储物空间空空如也。"伊莎贝说，"准德还没有把商店的库存要回来，这只能有两个解释，要么商店是想走高档顾客路线，要么是想关门。我们知道的只是，货品类别并没有改，最多一个月，'结业'告示就会张贴出来了。"

"我不认为我们即将关门。"铁登说，虽然他已不像今早起床时那么肯定。"但是，说话请小声一点，这种谣言会毁了商店的声誉。"

"清誉，还是可耻的声誉。"渣威说，"我应不应该也留意一下有没有商店经理助理的职位？"

铁登敲淮德办公室的门，淮德从写满潦草的数字的纸张中抬起头来。

"我是否打断了你在忙着的事情？"铁登问，"我无意干扰你或什么的。"

"不，不。"淮德示意他的店面经理进来，"恰恰相反，我很乐意听听你对我正在思考中的事项的意见。"

铁登很欣赏这隐含的恭维，昂然走进。

"我想你帮我考量一下，如何减少我们的库存。"淮德说。

铁登一听，肩膀垂了下来。

"减少库存？"他感到震惊，"那么，部门经理们的说法是正确的？你打算关闭商店？"

淮德笑了起来："关闭这商店？你在说什么？在整个集团中，我们是最赚钱及最有效率的商店！为什么有人会想这样做呢？"

铁登红着脸，十分尴尬，淮德示意他的店面经理坐下，然后说："但这才是真正的课题，我知道我们可以更有效率，当我同意持有 20 天销售量的库存时，我知道这还是太多了，唯一的问题是，我应该削减多少。"

"但减少库存有什么用？"铁登不明白，"如果我们没有我们需要的货，只会降低销售，而销售没了，我们肯定会失去第一名的宝座。"

"只有当我们削减的是我们需要持有的货品时，你的说法才是正确的。"淮德试图澄清，"你说得对，减少库存，不会帮助我们提高赢利能力，但会改善我们的库存周转率。"

看到他的下属疑惑的样子，淮德尝试了不同的解释方法。

"你是否同意，商人应该试图增加其库存周转率？"

"是的，当然。"

"为什么？我们都知道答案，但仍然试试把明显的道理用文字表达吧。"

铁登发觉这比他想象中难，经过几次碰壁，他可以清楚地说出来了："作为零售商，我们买入，并卖出我们买入的。当我们买时，就是将我们的钱作投资，只有当我们卖时，才能产生利润。"

"正确。"淮德鼓励他继续。

"假设我们在年头买，在年终才卖，我们只赚一次钱。"

淮德补充："在你的例子中，库存在一年中只周转了一次，现在假设这位商人更有效地营运了，他能够在六个月内就完成买和卖的循环，那么，会发生什么事情？"

"他以同一的投资，取得双倍利润。"

"没错。"

铁登好奇地问："我们的商店，库存周转率是多少？"

"为了计算库存周转率，财务部将商店全年的总销售除以我们持有的库存的平均成本，由于我们持有四个月库存，而我们的标高售价（markup）大概是 100%，我们的传统库存周转率约为每年六次。"

铁登两眼发亮，说："而现在，我们将库存降至大概以前的 1/5，销售也增加了。哇，我们的库存周转率高于每年 30 次，不久，我们将达到只有超级市场才能达到的数字。"

"是的，铁登。"淮德回答，他微笑地看着铁登几乎从他的椅子上跳起来，"我们现在正营运集团中最有效率的商店，但我认为我们仍然可以进一步改善，我们仍然持有大量过剩的库存。"

"但是，老板，我们可以增加我们的库存周转率，而不必令全体销售人员如此气馁。"铁登可以清楚地看到淮德的想法会遇到抗拒——他必须处理的抗拒，"让我们增加销售，而不是降低库存。"

"怎么做？"淮德顶回去，"不要告诉我，说我们需要发动另一次昂贵的促销。我们的利润增长了，是因为我们并没有增加开支。"

"我不是讲增加的开支，我希望我们能够进一步减少缺货。"

"我们如何办到呢？"淮德问，"感谢鲁泽，我们几乎没有任何缺货，我们把这头牛的奶挤光了，可以这样说吧。"

店面经理说，非常小心他的用字："哦，老板，你说我们几乎没有任何缺货，但说实话，我们还有一点。"

"是的，当然。"淮德摆摆手，不接受他的说法，"有些 SKU 连鲁泽也没有货，我们当然也缺货，但这些情况我们是无能为力的。"

"我不是说这些，我说的是那些鲁泽持有大量库存的 SKU。"

淮德一脸疑惑，示意他继续："说下去。"

铁登深深地吸了一口气，说："我们每天都卖光一些 SKU，这就意味着，直至第二天，我们没有货可卖了，某些 SKU，甚至中午前已卖光了。"

"什么？你现在告诉我，我们经常卖光一些快销 SKU？为什么没有人向我报告？"

"说实话，老板，考虑到我们上次关于这个课题的会议，他们向你报告，可能有点战战惶惶。"铁登回答。

淮德并没有急于做出反应，他把身子向后倾斜，让铁登的话在脑海中回荡。他们怎么可能一天之内就卖光一个 SKU 20 天的货呢？这又怎能屡屡发生呢？想不出答案，他问："是不是每天卖光的都是同一个 SKU？或者是，每天的 SKU 都不同？你能看到任何规律吗？"

"我真的不知道。"铁登承认道。

淮德不断追问："当部门经理向你抱怨这件事时，他们有没有提及具体的 SKU？"

"通常都有。"

"他们每次抱怨，都提及这些 SKU 吗？"

"这个我就不能肯定了。"铁登诚实地回答，"给我一点时间查看查看。"

"不，这太重要了。"淮德不同意，"让我们现在就一起去查看。""你能否记得任何一个卖光的 SKU 号码？最好是中午前已卖光的。"淮德问。

"是的，肯定。你是否要看看它的资料？"

淮德点点头，铁登过来办公桌淮德这一边，手指在键盘上飞舞。

"你可以看见，"铁登指着屏幕说，"红色 LP5 毛巾，是新产品系列的一部分，20 天的目标是 9 条，但过去两星期，库存量在下班时是零的，已出现过三次。"

淮德看看数据，然后说："除了一次，在整整两个星期中，每天下班时我们只有最多 3 条，相对于目标库存量，这样低的库存应触发红色警号，但重要的是，这不是需求天天大涨大落的问题，每天以 9 条开始，以几乎零告终，这就意味着，每天的销售量远比我们假设的高。"

铁登一边考虑淮德的结论，一边走回自己的座位："目标是 20 天内卖 9 条。这意味着，两天卖不到 1 条，但其实过去两星期，我们每天卖出超过 6 条。呀，这不是需求突然跳升，而是我犯错，很大的错误。我猜想，这大概是由于这是一个新产品系列，而预估又不准确，这是我的疏忽，我应极早留意到。"

"没事，铁登。"淮德平静地安抚他的下属，"我们的预估远远不够准确，但我估计犯同样错误的 SKU 不多，不超过 50 个。"

"也许更少一些。"铁登急忙同意，"我会马上纠正。"接着他失望地补充说："但即使它们是快销产品，由于所涉及 SKU 不多，纠正这些错误不会令销售受惠很大。噢，嗯，将这些 SKU 的目标库存量提高，也算是一个好主意吧。我只根据销售人员发牢骚的强度作判断，并没有用心查看其中真正的影响。"

"你提高目标库存量，这仍然是绝对正确的。"淮德鼓励他，"SKU 数目虽然不多，但每个都必然曾升高相关部门经理的血压。我不应该那么固执，我应该小心聆听。"他语气坚定地总结："不过，尽快纠正，这至关重要。"

"没问题。"铁登表示同意。

"更重要的是，"淮德说，"你刚刚让我看到一个很好的方法来减少库存。"

"我做了什么？"

"再看看我们讨论的重点吧，你刚才提示了我，我们应该特别留意那些每天下班时库存量特别低的 SKU，相对于它们的目标库存量而言。我们的结论是，这种情况应给予红色警号，提醒我们提高它们的目标库存量。"

"正确，老板，就像我说的，我会马上干，但是，我们讲的是增加库存。"铁登小心地确认。

艾娃打断他们的对话，手上端着一个托盘，上面有两杯热腾腾的咖啡和一碟曲奇饼，不愧是南部绅士，淮德对她谢了一声，回头走向铁登。

"嗯，这要看情况了。"淮德平静地说，"那些恰恰相反的情况又如何呢？那些绿色警号的 SKU，即那些在大多数日子有相对高库存的 SKU。"他指着计算机屏幕，继续说："现在看看这些浴室地毡——火烈鸟粉红色的，平均每天卖不到 1 块，目标却是 15 块，结存库存也从来不低于 10 块，你认为我们应该怎么办？"

铁登明白淮德的意思，并没有提出一个明显的结论，相反，淮德提出："考虑到我们每天都得到补货，我们为什么要鲁泽补至 15 块？定目标为 10 块，甚至 50 块，难道还不足够有余吗？"

铁登不愿意马上表示赞同："让我多跑跑试算表，看看逻辑是否一贯地成立。"

"好。"淮德说，"现在我们讲的，不再是 50 个以下的少数 SKU 了，我敢打赌，至少有一半 SKU 的警号是绿色的。"他得意扬扬地说："将目标库存量调整至较合理水平是明智的，可以带来我们所需要的库存减缩。"

铁登清楚地知道，淮德已下定决心进一步减少商店的库存，他知道这将加强员工对商店即将倒闭的疑虑，他尝试采取拖延战术："只做一轮一次性调整是不足够的，随着时间的推移，消费量是会改变的，所以，我们需要一个电脑程序以监控目标库存量，我要想想怎样才能做到这一点，这不是一件琐事，相当需要时间。"

"不。"淮德不同意，"我不要复杂的系统，我要简单可行，现在就要。"

铁登反对："我不想匆匆行事，否则我可能再一次犯错，令商店付出高昂代价。"

淮德完全理解其下属的顾虑，试图令他放心，说："让我们一起干，我对任何错误负责。"

"我们应该在何时开始？"

"马上。不用问了，从哪里开始，也是很明显的。"淮德有点不耐烦地说，"如果在一个相当长的时间内，就说一个星期吧，库存待在绿区……"

铁登打断他的话："为了编制电脑程序，我需要用数字来定义绿色。"

淮德不直接回答，相反，他问："你如何定义红色呢？"

铁登沉吟了一会儿。

"假设目标是九件，"淮德追问，"什么时候你会觉得非提高这个目标不可？当大多数日子的结存都只有一件吗？"

"当大多数日子的结存都只有三件或以下，我就会有点紧张了。"铁登咳出了笑声，"毕竟，你教过我，如果代价是因缺货而丢失销售，那谨慎点是值得的。"

淮德给了他一个鬼脸："你以目标的 1/3 为界，那么，当库存降至低于目标的 1/3 时，我们称这情况为红色，如果在一个合理时段——就说一星期吧——中的大部分日子都是红色，我们将称为红色警号，我们就将目标提高，这有意义吗？"

"有。"铁登在摸索淮德的思路，他对淮德可能会过急降低库存有所警惕，他出手了，"那么，当库存结存是目标的 2/3 以上，我们就称为绿色，但我认为，一个星期还不够长，为了确保我们不会丢失销售，也许我们应该规定，绿色要维持起码两个星期，才将目标库存量下降。"

"两个星期内，每天都绿色吗？好，就这样。"淮德说。

"而在红和绿之间的地带，我们会认为库存量是恰当的，我们就把这个标为黄区吧。"

"就像交通灯一样。"铁登笑了。

"是的，我们将聪明地进行监控。"淮德说，"我们不会随意削减库存，而是放手让这个机制来做正确的事，这样，我们只会对库存量过高的货品削减库存，这应该可让销售人员放心。"

"好吧。"铁登说，"我会马上开始编制试算表。"

"谢谢。"淮德说。这位淡茶色头发的店面经理走出他的办公室。

在打开将办公室和厨房从店面分隔开的那扇门之前，铁登犹豫了一阵子，要说服部门经理们认同这样的库存缩减是好事，但是不可能的。他们将不把任何货往区域仓库发推，并停止为已有足够存量的货品补货，如此而已，因此，他认为，不向他们透露这次谈话的内容，是不会有害处的。

三天后，淮德在通常的十一点店面巡视中，来到厨房纺织品部，他很高兴地看到，许多顾客在检视货物，他帮助了其中一两位，然后环顾四周想找部门经理米克，但找不到。他问初级销售助理马高，吃惊地听到，他最有经验的销售人员选择了在最忙碌时段抽空外出吸烟。他离开马高，跑到员工专用停车场。

果真如此，在褪色的板凳上，米克坐在那里吐烟圈。

"米克，你没事吧？"

"你可以大方地告诉我的，"米克说，每个字几乎像吐口水那样吐出来，"我来这里已经 20 多年了，我要从那些服务生口中才知道货车将不再运货来了，才来瞎猜发生了什么事情。这是很不应该的。"

"你说什么？"淮德问。"货车每天都有运货来。"

"两个箱子，而第二个只有半满。"米克将香烟轻碰板凳，烟灰降落在沥青地上。

淮德意识到，这是因为商店大多数 SKU 都是绿色的，所以在一段时间内都不会补货的，以让库存下降，难怪今天运来的货这么少。

"这不是货品，淮德。"米克说，"这是残留下来让商店改天再卖的东西。首先，你削减库存，将头顶储物空间空出，然后不放新的东西进去，而现在你停止为商店补货，但你为什么不大方地告诉我商店将关门，给我一点小小的警号，你会死掉吗？"

"你知道吗？我们在整个集团中，是第一名。"淮德大声说，"你知道吗？我们的库存周转率升穿了屋顶。赢利一飞冲天，我们的投资回报率实际上是在太空的轨道上。没有人关商店！哪个脑子正常的人会关集团中最佳的商店？我所做的只是降低过高的库存，我们没有理由为那些以蜗牛速度售卖的 SKU 持有大量库存。"

"淮德，我尊重你。"这位晒得黑黑的中年男人说，"但你是管理层，我不相信你。"

"这真荒谬。"淮德摇摇头。

"对，是这样，我们被扔到大街上，你仍然在空谈。"

"我会召集开员工大会，向所有人说明，没有任何理由担心，相反，博卡拉顿滩商店不久将成为整个集团的模范。"

米克吸一口烟："淮德，你不知道了，直至今天早上，我是唯一一个仍然认为商店不会关门的部门经理，我跟他们争论这一点，曾盲目地维护你和你的动机，然后，货不来了。"

淮德认识到，说话帮不了他，也帮不了米克及其他员工，他的脑筋在飞转，到底发生了什么事情呢？毫无疑问，他的员工们用了错误的因果关系连结，即库存降低了那么多，公司一定即将关闭这商店了。当然，情况绝非如此，不过，他们却从惯常做法推论，而这错误的连结已导致他们得出结论，认为改变正威胁着他们的职位，它正威胁着他们的美人鱼，难怪他们反对改变，并非常希望取回自己的库存。他在心里默默记着，要告诉嘉露这项发现，那就是，任何关乎四项要素的错误因果关系连结，会扭曲对一个状况的看法，导致对改变的错误评价现在他可以做点什么呢？他可以怎样纠正他们错误的看法呢？无计可施之下，他问："我要怎么证明，你才相信我们不会关门？"

"你想向我证明商店不会关门？给我更多货！"米克回答，"没有人会给一家即将倒闭的商店更多 SKU 的，你想踢走过剩的货？我也想，这意味着，你会有空间腾出来，填满它，甚至以一些我们从来没有卖的东西填满它。"

"例如什么？"

"我们目前只持有集团货品的一小部分，你说你不想持有太多，没问题，每个 SKU 只给我一点点，填满货架就成。"

"即使是紫红色围裙？"淮德试图令米克发笑。

"给我一点东西，什么都可以，我不在乎。"米克以一个严肃的语调说，"如果你能抓到的只有紫红色，我也卖，新 SKU 也可以，我们不关门嘛。"

"这是个上佳的主意。"淮德说。

米克大感惊奇，摇着头。

"认真一点，米克。你知道我的意思了，如果商店持有更多 SKU，我们会卖出更多，以前我们没有多持有一点，唯一原因是摆货空间有限，而现在——正如你指出的——我们的空间正多着呢。"

"如果我的部门能陈列更多种类的货品，是好事。"米克说，仍然有点疑惑。

"不仅你的部门，米克，是整家商店。"淮德说，"我有一种直觉，有同样感受的不止你一人，乐意得到机会售卖更多 SKU 的，也不止你一人，我在想，如果每位部门经理到本区域的其他商店走两三次，将能够列出他们需要的货品的一张很好的清单，我将负责把这些货品弄到手，我希望这可以遏止关于商店倒闭的忧虑。"

"当然可以。"米克证实。

真棒，淮德在想。当辩论的焦点从互相指责移至要求对方找出错误的因果关系连结，一切就进入顺境了。米克是强烈反对改变的，他现在反而成为提出修饰建议令改变得以出台的人。信任和关系，不单没有被摧毁，反而加强了，而且，米克的建议还可以解决我一个问题，即增加销售的问题……

"告诉你吧，我会马上要求铁登宣布，明天一早宣布我们召开员工大会，我会告诉大家这个计划及执行时间表。"淮德说。

"那么，你会批准任何我们要的货，是吗？"米克问。

淮德呆了一下，心想：他不想大堆卖不出的货又再堆到他的货架上来了，引入新 SKU 总是有这个风险的。

没有得到上司的回应，米克提出："当然，我的意思是，如果区域仓库有这些货，你会批准，是吗？"

区域仓库的库存？淮德在思量，如果所有他订的货都只是鲁泽残留的货，这些货卖得好的机会是很高的，但他如何开口告诉米克他其实还会将批准清单上区域仓库不拥有的 SKU？

"我答应你，我起码将批准你的清单的一半。"他说。

"这太了不起了。"笑容开始在米克脸上展开，"让我们回去，顾客在等着呢。"

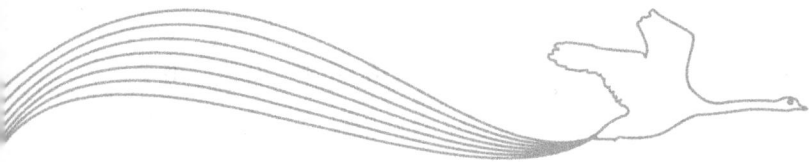

第 15 章

一家商店行，不代表集团也行

Isn't It Obvious?

嘉露最喜欢的餐馆坐落在格林尼治村的一个安静角落，而她哥哥喜欢最时尚、最热闹的地点，最好靠近中央公园。这次她让他选择地点，但有一个条件：必须足够宁静，让他们能够享受午餐及交谈。他照办了，但不忘抱怨她不知道她到底喜欢什么。

这里的装修有点不太适合嘉露的口味，但她的鞑靼金枪鱼扒好极了，大伦只要了一份简单的沙拉加白葡萄酒，声称胃有点敏感。他们的谈话是轻松的，关于他的双胞胎在前妻所选的新私立学校的进展、宾恩新近对女孩子产生兴趣，以及足球。

服务员取走他们的盘子，并用法语说甜点很快会上，嘉露想是时候开始了。

"大伦，我想跟你谈谈汉娜零售集团的事情。"

"好的。"

"我知道，以前我们已经谈过这件事了。"嘉露按她的计划行事，"但请原谅我，请再告诉我，为什么你不想加入公司，即使你完全知道这令爸爸何等怨愤？"

"又是这个话题？"大伦叹息，知道妹妹正面对是否接替父亲的矛盾，也不想令她太难堪，他决定跟她谈下去，"好吧，你是知道原因的。跟爸爸对我的理解相反，我这样做并不是为了激怒他。他应该明白，我不会牺牲我的一生来取悦他。公司已经很成熟了，不可能不断扩张及增长。爸爸建立了大事业，我要踏着他的脚印，但不是在他的影子下度日，我也想建立有意义的大事业，而汉娜零售集团不是我达到目标的路径。妹妹，对我来说，

家用纺织品零售业就像在佛罗里达州驾车一样——老太太驾驶着旧车以比蜗牛还慢的速度前进。"

"而风险投资业就像印第安纳波里斯 800 米大赛车那样。"嘉露替哥哥说完，他向她灌输这个比喻已无数次了，"那么，请告诉我，我的赛车手哥哥，什么样的公司才令你如鱼得水呢？我的意思是，你凭什么来判断是否值得投资于一家公司？令你真正感到兴奋的是什么？"

"当我找到一家真正具有潜力的公司时，该潜力尚未被认识。"大伦回答，"一家具有很确切的机会达到高利润和高投资回报率的公司，相对于它的行业而言。当然，关键是不要让高风险的梦想令你盲目，很确切的机会必须是存在的，并且有方法确保公司在恰当的指导及必要的额外投资下能飞跃发展。"

他说话时眼睛闪着亮光，肢体散发着能量，他对他的工作的热情是很明显的。嘉露笑了，这就是她非常热爱的哥哥。

"你需要迅速吸取相关的知识。"大伦继续说，"然后正确地分析，包括薄弱环节的所在及隐藏的因素，因为即使它看来很令人兴奋，你也必须确保它有适当的人——实事求是、可靠、勤劳、充满热诚的员工。"

已经牵引哥哥到水槽了，是时候让他喝水了。

她轻柔地带引他："大伦，你说你正在寻找机会达到高利润及高投资回报率，相对于行业，以家用纺织品为例，你认为怎样才算真正的机会？你要求有什么样的数字？"

　　大伦想以严酷的现实打开妹妹的眼界："要风险投资家对汉娜零售集团产生兴趣，你必须让我看到，你能够令公司的销售利润率达到 10% 以上，这还不够，你必须证明你可以令库存周转率变为双倍。对，是双倍。"

　　然后他以较柔和的声音说："妹妹，你知道的，要一家大型家用纺织品零售商拿取 10% 以上的利润率是不可能的，甚至精品店也难办到。要记住，对风险投资家来说，更重要的是预期的投资回报率，至于涉及的风险，我们都要求投资有极高的回报，要库存周转率变成双倍，我是认真的。现在，面对现实吧，爸爸是行业最优秀的企业家之一，库存周转率增加百分之几，他已经很满意了，变为双倍简直不可能。"

　　当他看到嘉露似乎并不气馁时，他继续说："你看不见吗？你想令我对汉娜零售集团产生兴趣，是不可能的。放弃吧，妹妹。"他想，先是淮德，现在是嘉露，似乎父亲唠叨他的还不够。

　　她以问题回应："你和淮德最后一次谈这件事是什么时候？"

　　"四个月前。在妈妈生日那天，他载我去机场，我们聊了一下。他对他的商店的业绩似乎有点气馁。"以为她已改变话题了，他说，"你认为我应该邀请他加盟吗？我确信我可以用上这样一个精明的家伙，一个我完全可以信任的人。"

　　嘉露轻轻地笑了："有些令人兴奋的事情在你上次回家之后发生了。淮德办到了，大大地。"

　　"他办到了？这太神奇了。"大伦两眼发亮，"我一直对你说，他行的。"

嘉露不理会这个评语，而是根据她的脚本行事。"你说，我们公司要达到10%以上的利润率，以及将库存周转率变为双倍，是不可能的。嗯，你的朋友证明你错了。"她打开公文包，递给哥哥一叠纸，"这是淮德的商店上季度的数字。"大伦翻动纸张，她继续说："看，淮德证明了，他能够令商店的利润提升至几乎20%，他做到了，同时把库存周转率增加了五倍。不是双倍，是五倍！现在，你怎么说？我的通天晓哥哥。"

大伦迅速瞥了那些数字一眼，他久经训练的大脑像海绵一样吸收。

嘉露继续说着她的信息："看看这些数字！想象它们在汉娜零售集团100家商店繁殖开来！"

"我看到数字了。"他平静地说，"了不起，真是难以置信。"然后，他翻到淮德描述如何达致成果那两页，"让我仔细读一读，这真有趣。你能帮我再叫一杯卡布奇诺咖啡吗？"

两杯咖啡、巧克力泡沫冰激凌和切片奶酪蛋糕，迅速送来了。

大伦喝完最后一滴，才把手中的纸放下来。他接着做的事，是仰望大水晶吊灯。

一段时间后，嘉露忍不住了，问："怎么样？"

"嗯，"大伦并不急于回答，"淮德的成绩令人难以置信。"

她深明哥哥的性格，接着说："但是……"

"我不希望你将我的话理解为对淮德的批评，这是一个真正的突破。他打破了所有规则，但没有打破系统，也许我还不完全理解，但我看到的是，淮德发现了一个方法，利用系统的无效率来显著改善他的商店，而我想他还没有找到一个方法来改善系统本身。"

"什么意思？"嘉露感到很困惑。

"我看不出淮德所做的可以如何扩展至公司层面，而且达到同样的成绩。"

嘉露采取攻势，"不要告诉我，淮德只是将库存从他的商店搬至区域仓库，因此，库存周转率的改善就是毫无意义的。你的认识应该比这个高一点。"

大伦举起手阻止她，"妹妹，你要表扬一下我，我离开公司并不久，不至于连基本的东西都忘了。"为了证明他欣赏淮德的举措，他解释："光靠降低库存是不可能令库存周转率增加的，减少库存将危害可得性，然后销售就下降了。"

"正是这一点。"嘉露以尖锐的语调说，"淮德成功地找到了一个方法以减少商店的库存，而且几乎消除了缺货。这样做的结果是，商店的销售增长了，但商店的开支并没有任何相应的改变，这就是为什么利润之高令人难以置信了。"

"这正是我的问题。"大伦轻声地评论。

"你的问题是什么？你不会说这些数字是人为的吧？"

大伦笑着摇头，然后说："如果我正确理解淮德所写的，那么他的缺货下降并不是由他搬回区域仓库的货引发的。"

"当然不是。怎么可能？但这令区域仓库残留库存得以利用。"

"正确，残留库存可能足够供应一家商店，甚至一个区域，但你将如何用残留库存支持整个集团呢？为此，我亲爱的妹妹，你将不得不进更多的货，这将带你回到原点。"

嘉露思考着这个问题，她的哥哥说得有道理，问题降落到她的身上了，而不是淮德。

"现在你明白了，为什么我说淮德并没有找到一个方法来改善集团。他发现了一个利用系统的无效率即残留库存的方法来改善他的商店。"

看到嘉露失望的表情，他继续说："但是，以这么低的库存经营商店，还是要有点本事的。当然，由于从商店搬走的库存仍然在公司的账上，说对公司现时的投资回报率有什么影响，还只是空话而已。然而，一定有方法把这个变为真正的库存下降，这里头很有潜力。如果我是你，我会继续探索这个问题。现在想来，也许我应该找时间跟淮德聊聊。"

嘉露笑了，她已经得到她想要的了。钩已经放出来了，她指望的是以淮德和大伦之间的密切关系来完成其余的事。

"我希望我能像你那样分析事物，快捷而清晰。"嘉露难为情地说。

"尝试在投资圈工作一段时间。"大伦试图安慰他的妹妹，"这几乎成为第二天性了。"

第 16 章

微 型 仓

Isn't It Obvious?

淮德走进区域仓库。在仓库员工之间，穿着夹克及领带的他显得有点突兀。环顾四周，他看到鲁泽正跟他的工头和铲车司机深谈，工头向区域仓库经理示意，鲁泽转过身来，挥手要他的员工继续工作。

"早上好，鲁泽，什么事？"淮德说。他在早餐时收到一条短信，问他能否在上班途中到这里走走。

"来，让你看看。"鲁泽带领他的朋友走到仓库中的一块圈地，它的组织方式跟仓库其他部分不一样。首先，货架上摆放的货，高度仅仅比淮德的头高一点，其次，有一长桌放在圈地中央。

"噢！原来如此！"淮德语带讥讽地喊道，"箱子！多么令人惊奇！竟然在仓库发现箱子！"

鲁泽笑了，"是的，福尔摩斯，这些箱子用来装你商店的库存。"

"我还以为你会把我的货跟你其余的货融在一起呢。"淮德说，有点诧异。

"当我和仓库员工讨论这个问题时，"鲁泽解释说，"他们要求把你的货集中放在这些货架上，声称这样会更好。"

淮德不明白，毕竟，他已努力争取迈田批准在账面上转移库存，目的是让仓库员工好办事。"我们不是已经同意了吗，这样做对他们来说很麻烦？"

"相对于只处理整个纸箱，用手从这些货架上逐件拿取货品的确很麻烦。"鲁泽解释，"不过，负责这项任务的几位员工都说，如果要他们在叉车来来往往的仓库走道中央开你的箱子，那么用手拿取货品，然后封箱，麻烦会更大。将你商店所有的货集中在一块圈地的货架上，会比较容易管理。"

"你要我看的就是这些？要我明白你没有必要将我的库存融入你的总库存中？"淮德问，"感谢你安排这次实地视察，但你可以用电话通知我的，我一样会明白。"

"请多多包涵。我找你，是因为我们有一个很大的问题。"鲁泽继续说，"你知道，我一直在努力思考，如何为区域内十家商店每天进行补货。作为起步，照搬我供货给你的商店的成功模式会是个好主意。我想把从每家商店取来的货放在一块独立的圈地中，十块独立的圈地，每家商店一块，就像这块一样。"

"你思考了这个想法一段时间后，你得出的结论是，你没有足够的空间这样做。"淮德表示关注。

"这只是问题的一部分。"鲁泽回答，"昨天，我意识到，我有一个更大的问题，坦白地说，我被卡住了。"

"昨天发生了什么事？"

"我们一直忙于处理你的员工发来的清单。你的商店要 100 个新的 SKU，为了准备这批货，我们忙到半夜。"

"对不起。"淮德道歉，"这不是我的本意。如果那么耗时，我不会让商店一次性增加这么多新 SKU 了，分几天进行也没有问题。如果我们每天只添加 20 个 SKU，我的员工仍然会很满意的。每天 20 个，不过分吧？"

"淮德，别急，好吗？听好。"当他确定淮德已全神贯注时，他继续说，"目前，如果我运送一个 SKU 到一家商店，大概四个月后，我才会再发同一的 SKU 过去。为避免你计算麻烦，这就是说，我的叉车必须一天从货架拿取 200 盘货。昨天，当叉车不得不拿取 300 个 SKU 时，我就意识到，如果我每天需要服务所有商店，那会发生什么事情。不仅是空间问题，叉车产能也是问题。"

他说得太快了，淮德跟不上。看到淮德困惑的表情，鲁泽决定跳过关于他如何发现问题的部分而直接解释问题本身，"淮德，当我有了十块圈地，每家商店一块时，我仍然需要一个一般的储存空间。"

"为什么？"淮德问，"你为什么不把你所有的货放到那十块圈地中？这还会为你提供你需要的额外空间呢。"

"你再想想。"鲁泽说，"很多 SKU 都没有足够的货量来预先分配到每个圈地中。这些 SKU 我就不得不放在另一个地方，否则，我马上要将货不断地从一个圈地搬到另一个圈地，这太混乱了。"

"你讲的是多少个 SKU 呢？"淮德试图把问题的范围缩窄。

"你自己算算吧。"鲁泽回答，"记住，为店中每个货量不足的 SKU，系统已发了一张订单。如果在店中它仍然没有货，就表示我只持有这些 SKU 的残留库存而已。"

淮德心算了下，大概 30% SKU 缺货，鲁泽约有 5 000 个 SKU。"你在大概 1 500 个 SKU 持有的都只是残留库存。"淮德得出结论。

"现在你看到问题了吧？"鲁泽问，"你知道，每天搬动那么多个 SKU 意味着什么？叉车吃不消了，即使我们能够把每天工作时数变为三倍。"

"可以增加叉车和人手吗？"淮德建议，"一旦迈田看到我的商店的数字并引申至十家商店，无论你要什么，他都会批准的！"

"就我看来，他可以批准第三次世界大战了。"鲁泽高举手臂来强调他的看法，"在这里，我没有那么多的空间来让叉车左右穿插！"

"那么，我们现在可以做点什么呢？说这个问题没有解决方案，我绝对不能接受。"

"我也不。"鲁泽说，"但我被卡住了。我今天早上醒来，就一直在考虑这个问题，也许我们可以使用不同的设备。有些需要运送小量货品的仓库不用叉车而是用取货机，每台这样的设备每小时可检取 50 箱不同的货。"

"那么，问题在哪里？"淮德说，松了一口气，"如果硬着头皮做，我确信我们可以为你拿到所需的预算。"然后，他比较谨慎地问："要多少钱？"

"我担心的不是投资金额。"鲁泽回答，"为了操作这些设备，整个仓库都必须重新安排，甚至货架之间的空间也要改。淮德，这就像运行一套完全不同的操作模式，我不能肯定我懂得怎样运行它。"

"也许改动不会这么大。"淮德试图安慰他的朋友，"你了解一些同时使用叉车和取货机的仓库吗？"

"要针对这个问题的话，"鲁泽谨慎地说，"我们必须找到一个跟我们的情况类似的仓库，它的规模必须很庞大，即能处理大量的 SKU，也能涉及许多小货量的发送。"

淮德和鲁泽都在思考答案。一段短暂的沉默后，鲁泽说："我的脑袋里满是苦恼，想不通。你回博卡拉顿滩去吧，我要回去工作了。谁想出点子，就通知对方。"

在回程中，淮德还在深思。没有适当的物流解决方案，他的新方法就无法实施，多么可惜。

当他驶进旧商场后面的停车位时，手机震动了，他打开鲁泽发来的短信。

短信是"书"，后面有一个皱眉符号。

***

一个半小时后，淮德来到哈伦代尔。鲁泽已经站在一个大仓库外面等他，仓库外墙有鳄鱼之州出版公司众所周知的笑脸鳄鱼标志。

"你怎么会想起书来呢？"淮德问他的朋友。

"既然我毫无头绪，我就想通过我认识的人来寻找灵感。"鲁泽回答，"我查看了电子邮件地址簿，看到捷寇这个名字，他管鳄鱼之州出版公司的仓库。我一想到书，就意识到，书店都有大量 SKU，很轻易就超过两万个不同的书号。他们每出一本新书，大概会发一整盘一整盘的书到集团的各个仓库，但与此同时，那些已在售卖中的书，他们不可能每本都装满一个纸箱发到书店去。我估计，一家书店是不可能卖或储存这么多书的。我打电话给捷寇，告诉他我们的情况，他证实他用常规的叉车和取货机，并建议我们来看看他们是如何操作的。"

鲁泽按下对讲按钮，说明自己的身份后，一个粗哑的声音要求他们等一等。大型金属门上的一个小门打开了，一位身穿皮夹克、大胡子、秃头、戴墨镜的男人向他们打招呼。

"嘿，鲁泽。"捷寇说，带着克里欧人的口音，"这位穿西装的男人是谁呀？"

"淮德，这是捷寇·加尔维斯，他管鳄鱼之州出版公司的仓库。"鲁泽介绍，"捷寇，这是淮德，他经营汉娜零售集团的博卡拉顿滩商店，他们的水管曾爆裂了，我告诉过你的。"

捷寇哼了一声回应着，并打手势要他们进去。仓库很大，至少是鲁泽的两倍。淮德扫视整个巨大的设施，先左右看，然后向上望。在一个区的标准金属货架上，一货盘一货盘的书堆至六层高；在另一个区，满是棕色波纹、蓝色、红色货盘。他看到五辆叉车在作业，也听到其他叉车的鸣笛声。他满鼻子纸张、纸板和木材的气味，这是一个波澜壮阔的操作场面，他甚至无法推测这个仓库容纳了多少本书。

捷寇引领着他们，边走边解释鳄鱼之州出版公司仓库的运作模式："我们有两种出货方式，第一种是大批量的方式，向批发商及大型连锁店的仓库发货，我们原箱送走，就像从印刷厂收到的那样；第二种是小批量，直接向个别书店发货，针对每家书店，我们必须汇总几本书，每本几册，放进一个箱中，或者，数量更少的话，就出热缩塑料包。"

"这意味着你必须用手检取很多书。"鲁泽插话，"你要供应那么多书店，为什么不需要叉车在仓库中来回走动呢？"

"这很简单。"这位晒黑了的前单车手指向一大块场地中的数人，他们正在一排特殊的长桌旁边忙着，另一边是转动的圆柱体。

淮德和鲁泽朝向那边看着，捷寇解释道："瞧，"他指着货架旁边的桌子，"根据正在销售的书的清单，我们在这里放置的小量的每本书，我们称为微型仓。"

"你说的'小量'是什么意思？"鲁泽问，渴望一点一滴的知识。

"问得好。"捷寇回答，"我们的仓库有超过 5 000 万册书，大概两万个书号。"

"有那么多？"淮德无法压抑他的惊讶。

"大型出版公司的仓库储存比这个的双倍还要多。"捷寇介绍，并继续说，"但不要太惊讶了，大多数书几个月连一张订单都没有，所以，我们当然不会放进任何微型仓了。为了处理慢销产品的订单，我们设立另一个区，一会儿我带你们去看看。"

"我只对每星期有大量订单的货品感兴趣。"鲁泽说，"在微型仓中，你每种货储存多少？"

"数量差异极大。对于畅销书，我们储存三天的销售量，即一个货盘左右，但大多数图书的销售量都不会这么大，所以我们储两星期的量，即两三个箱子，这就不太多了，都在这里。"

"我想，你是根据书的流通速度补货的。"鲁泽推理，"畅销书三天一次，其余的每月两次。"

"当只剩下一箱时，我们才补货。"捷寇说，"但我猜你的说法是对的，畅销书，大概每天吧，其余的，每隔几个星期。"

"你有多少个微型仓？"鲁泽以一种奇特的声音问。

"我不明白你的问题。"捷寇回答，"为什么我应该有超过一个呢？"

鲁泽抱住自己的头，开始呻吟。"我是白痴。"他说，"一个完全的傻瓜。"

"要对你这句话持不同意见，我感到很厌烦。"淮德嘲弄他，然后问，"可是，你在说什么？"

"我其实一直都有解决方案了，就在我眼前，但我视而不见。我在仓库中为你的商店圈出的地就已经是一种微型仓了。"鲁泽回答。

"对呀。"淮德说，"你还说要为其他商店做同样的安排，那么，你已在正确的轨道上了。"

"我是在类似的轨道上，还不是正确的轨道。"鲁泽摇了摇头，"你没看见吗？我想为每家商店搞一个微型仓，而捷寇并不为每家书店搞一个微型仓！"

捷寇低声轻笑："2 000 个微型仓？试想一下是一个怎样的场

景。鲁泽，你的思路走弯了。"

"显然走弯了。"鲁泽说，"将一家商店所需的所有库存都放在微型仓，有什么用呢？每个 SKU 两星期的销售量，就足以应付每天根据实际消费量而补的货了。试着想一想，十家商店两星期的货汇聚起来，所需空间约等于淮德的商店四个月的货量。"

"这就是你现在在那个圈地中放置的东西。"淮德说，"这也就解决了空间问题，但你仍然无法预先分配残留库存，怎么办？"

"这个问题的实质是什么呢？"鲁泽笑了。"这些 SKU 将和其他 SKU 一样，关于怎样分配它们的问题，已经被完全解决了。从各商店运来的所有货都放在货架上，就跟我现在储存库存的方式完全一样。只有一个微型仓，而不是十个，就不必分配货物了，再也没有残留库存了，有的只是库存量较低的某些 SKU。"

"那么，这个可以在整个区域实施吗？"淮德充满期待地问。

"捷寇的方法解决了两个问题，即空间和叉车的流动。由于只需要每两星期为微型仓的每个 SKU 补货一次，我用我现有的叉车大概足以应付了，也许我需要增加一两辆，但我绝对不需要那些复杂的取货机了。我仍然要弄清楚相关细节：需要多少叉车和检货工，微型仓要有多少空间，如何安排库存……"鲁泽微笑着向淮德竖起了大拇指。

"如果我知道书会令你这样快乐，"淮德说，"我早就应该建议你试读一本。"捷寇放声大笑，而鲁泽的感觉就像把千吨砖头从他的肩膀上移开了一样，也大笑起来。他的区域仓库的运作方式其实改动不大，几乎是微不足道，所需的一切都已经全部就位了。

他们从心底里感谢捷寇，然后离开，鲁泽吹着欢快的口哨。当鲁泽坐进公司的车子时，淮德很奇怪自己并没有同样的亢奋。如果过去几个星期有一件事教育了他，那就是，未孵化出来的鸡是不算数的。他有一种感觉，有一头新的狮子正伏在一角，静待向他扑来。

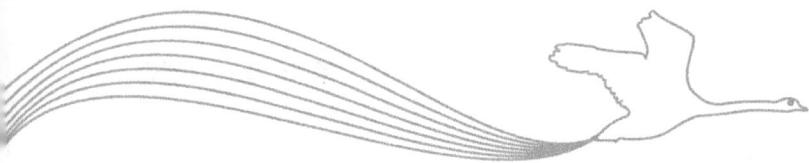

第 17 章

试　点

Isn't It Obvious?

一个星期四的大清早，即访问鳄鱼之州出版公司仓库之后一个月、水管爆裂后三个月多一点，淮德走进商店，艾娃就通知他说，区域经理迈田来了，事前一声不响。

那太好了，他心想，博卡拉顿滩商店的表现一直保持强劲的势头，那么，这个吝啬鬼终于屈服了。他信心十足地打开办公室的门。

"早上好，迈田。"淮德欢快地说，"有什么我可以帮你的吗？"

淮德请迈田坐到他的椅子上——他的办公室唯一较体面的椅子，迈田坐下来，开口说："一如我所答应的，我查看了博卡拉顿滩商店上个月的经营业绩。好吧，我接受了，我们应该尝试将你的概念在其他商店也搞搞。为此，我需要你起草一份稳稳妥妥的文件，包括你在这里所作所为的描述。"

淮德放下他的公文包，打开一把不大舒适的折叠椅，然后说："如果有什么东西我应当强调，或者任何你认为应该包含在正式报告中呈交公司总部的，尽管提出来好了。"

"公司总部？"这个小个子问，一脸困惑的样子，"我不会发给总部，除非有起码另外两家商店实行过。我需要这份文件来说服其他商店经理。"

"文件？难道一个面对面、简单的解释不更有说服力吗？"淮德问。

"我尝试过这个做法了。"迈田回答，"不那么成功。你看，我认为我们应该谨慎地走，例如，只以另外两家商店作起步，用你的新系统运作。然后，我们再看看。"迈田闭口不谈的一个事实是，根据他的计算，如果多两家商店拿到像淮德那样的业绩，那么要在各区域中荣获第一名就是轻而易举的了。相反，他继续说："事情很明朗，我找两位表现最佳的商店经理——迪拉古和加里谈过，但他们听不进去。"

淮德很吃惊，这两位竟然不扑向这个可将业绩大幅提升的良机。在水管爆裂前，迈阿密市中心商店经理和贝恩顿滩商店经理为取得第一名而竞争激烈，这个系统正好给了他们一个良机成为整个集团的领先商店。

"你可以告诉我你跟他们谈过什么吗？"淮德问。

"我告诉他们的，正是你告诉我的。"区域经理以粗暴的语气说，"迪拉古的回应是，只要继续以商店的表现来衡量他，他就拒绝放弃他对他的货的控制。如果他将库存转移给区域仓库，任何其他商店可以抓住那些货，他就会输掉了。我不想在这里重复他那些极富色彩的脏话。"

"加里呢？"

"加里这一块，他说，他永远不会冒丧失销售的风险而去瞎等区域仓库发来一两条缺少的毛巾，他宁愿把他需要的所有东西放在身旁，即在他的储物室里。这两人对一件事持相同观点还是头一次。"

"难道他们都看不见新系统带来的巨大好处吗？"淮德焦急地问。是什么拖着他们的后腿呢？他无法理解，"是不是他们被过分盲目持有大量存货洗脑了，以致他们看不清新系统的优胜之处是那么多？他们要拼搏多年才能令利润增加 0.1%，而这个提案却能令利润增加 10%，难道他们不相信我获取的 17% 是真实的数字吗？难道他们不希望库存周转率大幅跳升！登上 30！登上 30！"

看到淮德的热忱，迈田回答："你知道吗？不由我来向他们演示这份文件了，相反，由你向他们解释文件，如何？"

"好。"淮德回答，"给我几天时间准备一些东西，我会先让你过目，然后再去见他们。"

"我们没法享受这样的奢侈了。"迈田说，"我明白我的星级下属，他们将开始传播信息，试图破坏这项计划，我们必须迅速采取行动。"

"那么，在他们这样做之前，我们就尽快找其他所有商店经理谈。"淮德建议，"我们应该这样做。最终我们希望他们全部都参与，为什么不现在就说服他们呢？"在淮德脑海深处有一个想法：如果他无法说服他自己区域的所有商店经理，那公司同意在整个集团实施的机会就很渺茫了，他的发现都将付诸东流。

"好吧。"迈田表示同意，他知道他拿取第一名所需要的只是多两家商店达到这些绩效数字而已，他并不理会是谁。"我同意，我将尽快开经理会议，你可以在会上演示新系统。下星期一上午，我的秘书会安排一切。"

望着迈田离开，淮德叹了口气。说服人们做出改变，从来就不是容易的，但他现在面临的艰苦战役正令他的肾上腺素上升。

他必须找到一个方法，说服其他商店经理，一些有别于迈田的做法。他怎样可以说服他们在紧抓的库存上松点儿手，而专注于这个系统的优点？他应该怎样解释，新系统会令他们的库存管理改善很多，会令他们的商店欣欣向荣？库存管理并不是他的专长，于是他打电话给有这项专长的人。

"鲁泽，你这个周末有空吗？"

第 18 章

舌战群雄

Isn't It Obvious?

淮德开门让鲁泽进来。星期六早上，晴朗的天空，令人舒畅的微风。

"谢谢你跑过来。"

鲁泽耸耸肩，走进走廊，微笑着说："这都在休假日的工作范围之内。"

和他的房子相比，淮德和嘉露的家显得完美无瑕。有五个孩子的鲁泽，只能羡慕淮德家保持得那么光洁有序。

嘉露正坐在客厅里，鲁泽和她寒暄后，一起走向房子里面的书房。

"请坐。"嘉露示意，"你要一杯咖啡吗？"

鲁泽坐上安妮女皇椅子，说："只要一粒糖，嘉露，我努力降低碳水化合物的摄入。"

当她离开房间时，鲁泽有点惊奇地问："嘉露会加入我们的讨论吗？"

尽管他的身份远低于嘉露，但自从他们的女儿上幼儿园，他们两家就一直是好朋友。不过关系好是因为他和嘉露都很谨慎，从不谈论工作。

看见他朋友的表情，淮德解释说："我叫嘉露帮把手，是因为此场演示对我们太重要了，坦白地说，我几乎没有任何做演示的经验，你呢？"

鲁泽只是笑了笑。

"我甚至借了嘉露的笔记本电脑，她有所有最新的软件，可以制作专业的动画 PPT。"

"那好。"鲁泽身体向前倾,"让我看看。"

嘉露回来了,手里端着冒着蒸汽的杯子,两个男人已全神贯注在电脑上了。"你们在看什么?"她问。

"我为 PPT 准备的三个选择。"淮德回答,"你认为哪一个会令人印象更深刻?我自己喜欢第三个的动画,你觉得开始时先来一点幽默会有帮助吗?"

"你把这个怪模样的东西称为……幽默?"鲁泽笑了,"另外,我不喜欢演示的题目——'让南佛罗里达州冲上第一位',听来太夸夸其谈、太自我了,你可能一开始就让一些人失去了兴趣,迪拉古肯定是其中之一。"

淮德转向嘉露,说:"再也没有人会因奇幻的动画而留下深刻印象了,我被卡住了。所有我能够想到的都把我带到迈田曾尝试过的那一套,而他失败了。"

"关键不在于你的演示。"嘉露解释道,"你必须完成一件困难得多的事——推销。你必须推销你们经营商店的新方法,而你的对象不是言听计从的观众,是充满敌意的观众,他们已经听过并拒绝了这个东西,起码他们当中的意见领袖是这样做的。"

"她说得有道理。"鲁泽同意。

淮德关了笔记本电脑,问:"那么,我们从哪里开始?"

"我们首先要弄清楚为什么他们会拒绝……"她犹豫了,"实际上,听迈田的描述,'拒绝'这个词还不够强烈。"她找到了合适的词，继续满怀信心地说："他们为什么'憎恨'要他们实行你们的方法的任何建议？不要告诉我那是由于他们抗拒'改变'，或者他们是'控制狂'。如果我们不完全了解是什么导致如此强烈的反应，我们就根本没有机会说服他们。"

"说实话，我很失望。"鲁泽说，"我相信，他们看到成果就会认识到，这将直接让他们加入公司的 A 级团队，我相信他们都会勇于跳进胜利者的行列，但是，正如我经常说的，没有人了解商店经理。"

"Mrbl-grbl，"博卡拉顿滩商店经理调皮地说："但是，鲁泽，认真点，可否试一次，想象你身在我们那种处境？尝试了解永远处身于一个充满不确定性的世界是什么滋味。还记得我曾向你索取水晶球吗？"

鲁泽点头，示意他继续说下去。淮德站起来，开始踱步。

"作为一家商店的经理，"他说，"你永远不知道有多少人将进入商店，而当他们进入商店并查看货品时，你还是不知道他们是否会买任何东西，但最重要的是，你永远不知道他们想买什么。我们预测什么会畅销，什么会滞销，都只是猜测而已……尽管是有根据的猜测。"

"这点我同意。"嘉露插话。

淮德停止踱步，面向他的妻子和他的朋友，试图解释他的观点："终于有一个顾客进门了，终于她决定要买点东西，终于她选定了什么是她正要买的东西了，半个奇迹终于出现了，但你没有这件货，你没有她要的尺寸或她指定的颜色，真痛苦！难怪商店经理都很谨慎，害怕没有足够的库存，现在你是否已看到，拥有的库存越高越好，这个想法是如何深深扎根于我们的脑袋中的？"

嘉露说："但你不能无止境地增加库存，让商店经理想要多少就有多少。想有利可图，我们还必须控制成本，对不对？最终，最重要的还是投资回报率，这点商店经理认为有意义吗？"

淮德不回答，相反，他恢复踱步。

鲁泽和她站在同一阵线。"如果库存过高，最终就会出现死货，你有留意到吗？这点也算数吗？"

淮德没有停步，他回答："请你们两位面对现实，好吗？你可以大谈投资回报率甚至库存周转率的重要性，可以在我们面前挥动那面巨额的死货旗子。不过，现实仍然是我们已习惯了囤积库存。我们每家商店的库存已填升到鳃的位置了，只要给我们更多的空间，放心吧，我们也会填满的。"

"我明白你的意思。"鲁泽表示同意，"但是，你能帮我个忙吗？"

"什么？"

"我觉得自己像在看网球比赛，你坐下来，好吗？"

"对不起。"淮德坐下来，开始总结，"你告诉商店经理把库存发回。从那一刻开始，你就是对着一堵墙说话，而且我们不是要他们发回一两箱，我们要他们发回库存的大部分。他们根本不考虑库存，为什么我们还会感到惊讶呢？"

"似乎你是对的。"鲁泽说，"那么，我们该怎么办？"

他们都看着嘉露。

"我们必须深挖。"她回答。

"你的意思是？"淮德问。

"让我们把问题和解决方案分开。问题是缺货和过剩，解决方案是持有更多库存，以及期望拿到更准确的预估。"

"表达得很清楚。"淮德表示同意。

"我认为商店经理们再也不视这个为问题了。"嘉露断然说。

"什么？！"淮德不认同。

"忍耐一下。自从我发现商店经理们严重低估缺货对销售的影响，我就不断地考虑这个问题，情况怎会如此呢？我唯一的解释是，当一个人被一个问题困扰很长一段时间，即他的任何尝试都无法解决该问题时，那么，一个保护机制就启动了。经一段时间后，这个问题在他眼中再也不是问题了，只是一项他必须接受的生活的事实而已。"

"例如，我无法飞，但这再也不是困扰我的问题了。"鲁泽笑着挥动他的双臂，"当我还是小孩子时，我的确被这个问题困扰。"

淮德放声大笑，但嘉露说："这是一个很好的比喻。淮德，在他们眼中，你的数字就像一项保证，保证他们会飞。"

"似乎是。"淮德承认道。

嘉露继续说："我们面对的问题是压制。商店经理们面对大量缺货和大量过剩已经习以为常了，他们接受了鳄鱼，并不再相信那桶金了。两项促使人们做出改变的要素，在我们的例子中，都被压制了。"

当她意识到这两个男人倾向于认同她时，她总结说："我们唯一说服他们接受改变的方法是将障碍移除。为什么他们至今都没法减少缺货及过剩呢？不是因为真的减少不了，你已经证明了，真相恰恰相反。真正的原因是，他们不断坚持用无效的解决方案。障碍就是，他们一直对那些方案深信不疑。首先，我们必须揭露那些错误的因果关系连结，这些连结令他们相信解决方案在于持有更多库存，以及继续祈求更准确的预估。你必须由持有库存的原因开始，即哪些需求可以从持有库存中获得满足？一旦你们就需求达成共识，就解释了为什么尽管库存那么高，但需求仍然没有获得满足。只有在这个时候，你才能向他们演示，你有方法更好地满足那些需求。这几点，你都可以照办吗？"

"我们需要库存，只有一个目的：支持销售。"淮德信心十足地说，"真正的问题是，考虑到我们的营运环境的不确定性，商店真正需要持有的库存是多少？"

"你真正需要持有的库存就是你预期会卖出的货量，直至下一轮补货到来。"鲁泽推理道。

"当然。"淮德表示同意，"我们知道我们要等多久下一轮补货才会到来，我们知道补货时间大概有多长，但是，我们在这段时间将卖出什么、卖多少，我们只能做一个模糊的估计。"

"这才是真正的问题。"嘉露插嘴,"我们的预估很糟,波动太大了。我每次跟商店经理们开会,都听到这个说法。"

"同意。"淮德说,"那么,我们怎么办?唯有尽我们所能吧。计算机系统为每个 SKU 计算起始库存量,我们这些商店经理开始争论、质疑,有时能够成功修改这些数字,但老实说,回想起来,我们的这些干预帮助不大。"

"你不强调最后这个见解,心里反倒好过一点吧。"嘉露建议道,她在沙发上移动身子,伸手取了一个苹果。

"对。"淮德表示同意,"尤其当现实情况是,系统已做出其他所有重要决定了,除非情况很极端,我们就让系统决定何时补货,以及补多少。"

鲁泽眯上眼睛,而淮德的反应是从咖啡桌上拿起纸,画上著名的锯齿形图(见图 18.1),他指着图的左边解释说:"这就是公司现在的营运方式,这是商店的起始库存。当商店卖出货品时,库存逐渐下降,一旦下跌至预定的最低库存水平线,系统就产生一张订单来补货。"

鲁泽和嘉露点点头,淮德继续解释图 18.1。"当然,要等一段时间货才会到来,在这期间库存会继续下降。一旦货品到来了,库存量就升回原状,然后这个循环又再重复。"

"我在每本教科书上都看到过这个综合性的图。"鲁泽冷笑着说,"遗憾的是,在现实中,根本不是这回事。"

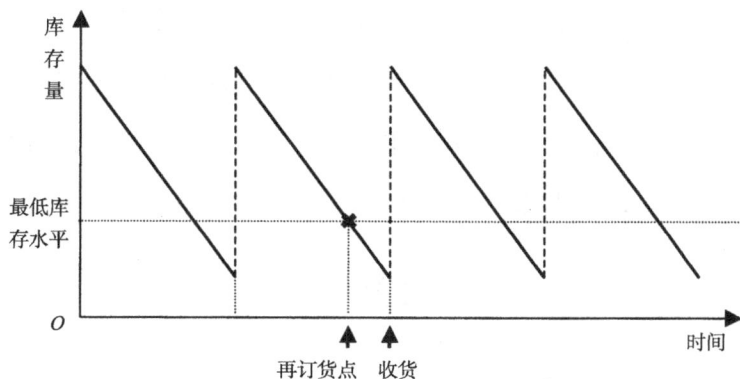

图 18.1

"什么意思?"嘉露感到惊讶,"这正是我们系统的运作方式。"

鲁泽急着解释道:"对,这就是我们和竞争对手的计算机系统的运作方式,但是,在这个综合性的图中,商店的货品在卖光之前,补货一定已经到来了。我们都知道,现实往往并非如此。"

"这点我们当然知道。"嘉露承认,"商店经理们不断就缺货的事向搞采购的我施压。任何时候,1/4 SKU 没有货就意味着,在图上有颇长时间是零库存。难怪商店经理们力争要增加他们的库存。"她顿了顿,低声说:"考虑到销售对盈利的重大冲击,也许他们这样做是对的。"

当她说话时,淮德也在修改他的图(见图 18.2),现在,那条线吻着底部的横轴有相当长的一段时间了。"停一停,我们不是在为提高库存寻找理由,我们要找的是问题的根源,让我们尝试更好地理解这种情况吧。你看，这两峰之间的距离就是补货时间（replenishment time）。也就是说，这个时间的长度决定了我们必须持有的起始库存量。由发订单直至货到，就是供应所需时间（supply lead time），即生产和运输所需的时间。"

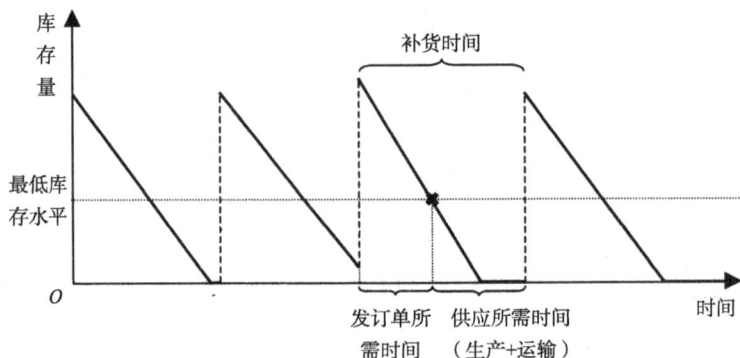

图 18.2

嘉露说："生产时间大约是三个月，而由于我们购入的货品大部分来自远东，需要加上运输时间六七个星期，但我们持有平均六个月库存，这意味着我们的起始库存已远高于这个，那么，为什么我们还有这么多缺货？"

"再看看图吧。"淮德说，"答案就在我们眼前。"

没有人搭话，他解释道："供应所需时间只是补货时间的一部分。你看，在图上这一点，我们开始卖出货品，"他指着一个高峰，"但系统不立即发订单，它等到库存量下跌至最低库存线时才发货。所有这段时间，由收到库存，直至我们发补货订单，称为发订单所需时间（order lead time）。这段时间实际上被浪费了，看看，这个时间不短啊，大概是补货时间的一半。"

"难怪我常发觉时间不够。"嘉露尖叫着说，"他们浪费了一半可利用的时间，而我却最终被骂为什么不把货及时采购来。"

"对。"淮德把手放在她的胳膊上，"但是让我们聚焦于商店上，你现在明白为什么我们的方法是这么好了吗？我们把发订单所需时间从几个月缩短至不足一天。我卖出货品，不需等待，在同一天就通知鲁泽了。"

看着那个图，嘉露在沉思，说："我明白了，亲爱的，这个有帮助，但有些东西仍然欠缺。"

"正确。"鲁泽说，"有些东西仍然欠缺，但幸运的是，我也花了不成比例的大量时间考虑过这件事了，我认为我可以提出解释的另一半。"

淮德夫妇花了点时间看完那个图，抬头望着鲁泽。

鲁泽以严峻的语气说："问题是，作为一家公司，我们不承认我们有仓库。"

"鲁泽，你认为现在是时候展示仓库经理的自卑感吗？"淮德半开玩笑地说。

"我知道这听起来很怪。"鲁泽笑了，"但请听我说完，回想当年我们并没有仓库。其实，即使在今天，许多零售连锁店都没有区域仓库——不论他们买进什么，都马上推到他们的商店中去。但随着公司开始在一个区域有越来越多商店，他们把货运至一个地点，然后分拆运给各商店，就较划算，这越来越明显了，早期的仓库只是个分拆点，而且现在有零售商仍用这种方式。"

"继续，"嘉露鼓励他说，"这很有趣。"

"一旦区域仓库已建立，"鲁泽继续说，"每家商店的要货量和供应商提出的最经济订货量就可以很轻易地分割开来了。商店的考虑跟采购部的考虑是非常不同的。举个例子，如果大批量采购，那么可享优惠价格。"

嘉露点头表示同意，并接着鲁泽的思路说："因此，商店要的货量和我的订货量，两者之差就存放在区域仓库中。"

"目前形势就是这样。"鲁泽得意扬扬地总结。

"有道理。"淮德说，"但这跟我们的话题有何关联？"

"你还看不见吗"？鲁泽很惊讶，"我们拥有区域仓库，但我们的思考及行为就像我们并不拥有那样，向商店供货，并非由供应商直接做。供货给商店的供应时间，只是区域仓库运货过来的时间而已。正如刚才所谈的，供货给仓库的供应时间是很长的，它包括生产时间和漫长的海上运输时间，但由区域仓库供货给商店的供应时间不过几天而已，而在大多数情况下，甚至短至一天。现在回到你的锯齿形图看看，如果你承认供应时间只需一天，那将发生什么事情？把这个与你所说的相联系，发订单所需时间应该在一天之内，你会得出什么结论？"

"我们找到解决方案了。"淮德很高兴，他说，"尽管需求有种种波动，但商店不必持有超过两个星期左右的库存，已足以避免缺货了。鲁泽，你真有本事，现在非常明显了。"

"少安毋躁。"嘉露没有加入庆祝，"你只不过是把问题从商店转移至仓库而已，不是吗？你还有很长的供应所需时间，你还要面对种种波动。"

"不完全是这样。"鲁泽以愉快的语气说，"首先，如果他们允许我持有库存，而不是把它推给商店，那我们的情况会好多了。我可以告诉你许多例子，如一家商店的一个 SKU 缺货，而区域内另一家商店却有过多同一 SKU 的货，如果采用我们的方法，则两家商店都将有足够的库存。"

淮德还记得大学统计学课程中学过的一些基本概念，明白改善从何而来。由于仓库要应付多家商店，它必须面对的波动要比每家商店必须面对的波动低很多。他明白自己还必须再想一想，因此没有打断鲁泽跟嘉露的交谈。

"其次，供货给区域仓库的供应所需时间不一定很长。由于这个大块头的喋喋不休，"鲁泽指向淮德，"我被迫用上一个伟大的另类选择，当我快要耗尽一个 SKU 时，我就找其他区域仓库，从他们那里要货，通常需要不超过一个星期的时间。"

淮德拿起笔。"认识到区域仓库确实存在，"他向鲁泽使个眼色，说，"锯齿形就变成这样子了。"淮德画了另一条线，它起伏得较频密，但从不触及那条零库存线（见图 18.3）。

三人面面相觑。

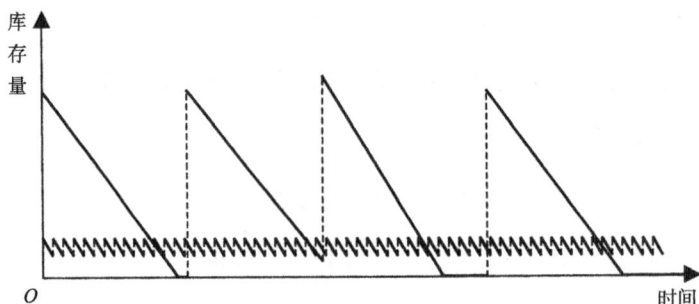

图 18.3

嘉露总结道："现在我们已经能够抓住问题的核心了，那就是，为了保障销售，我们需要持有更多库存，而为了减少投资及过剩，我们必须持有更少库存。我们也暴露了一些错误的假设，这些假设一直主宰着我们针对这个问题而采取的现行运作模式。我们现在认识到，期待我们能够有一个经济批量订货是愚蠢的，商店有消费，就应立即订货。我们也认识到，以为将货物尽量推压至各商店效果就会好一点，这个假设是最具毁灭性和杀伤力的。其实，将大部分库存放在仓库是最好的，他们能够从那里马上发货至有真正需求的商店。两位男士，这才是应该做的事。我认为，你们现在抓到的不只是对问题何在的共识，你们还抓到了寻找解决方案应遵循的方向——你们的解决方案。"

"好了，现在我们已准备好构建演示文件了吗？"鲁泽问嘉露。

"差不多了，"她回答，"我认为，我们今天讨论的内容已足以令商店经理们愿意聆听你的建议了。"

"仅仅是开始聆听吗？"淮德的语气显示他乐观得多。

"这是向前迈进的一大步。"嘉露说，"然后'对，但是'就接踵而至了。"

"对于商店经理们，"鲁泽叹了口气，"有很小的'对'，很多很大的'但是'。"

"相对于'这没有道理，我不想听下去'，这已是向前迈出的一大步了。"她回应说，"两位男士，要真正准备好，你们还必须做更多工作。你们必须预计他们的'但是'是什么，并为每个'但是'准备一个很好的答案。"

"我太熟悉当中的一些'但是'了。"淮德说。

他们一直工作至凌晨。

＊＊＊

一小时过去了，直至现在，演示进行得不错。商店经理们聚首于汉娜零售集团总部的一个较小的会议室中，鲁泽和淮德已经完成演示的第一阶段，并邀请台下发问。淮德认为一切都还好，他们已经成功地避免对抗及敌意。在会议开始时，这种敌意是存在的，现已被温和的好奇心取代了。

第一个问题来自葛甜，最年轻的商店经理。

"尽管你这样说，"她说，"但我还是不太喜欢把我整个库存移至区域仓库的建议，如果我这样做，假设另一家商店售卖货品比我快——尤其是规模较大的商店，那么那些分配给我的货品，当我需要它们时，可能已被吃掉了。我宁愿掌控自己的货品，而不愿失去货品。丧失货品，就是丧失销售。"

"这很公平。"淮德回答，"但是，让我问问你，你现在有缺货现象吗？"

"太多了。"

"嗯，你知道，你的商店缺少的货品，如果你持有它们，是可以卖出的，但有多少这些货品此刻正待在本区域的其他商店中呢？"

"我不知道。"葛甜诚实地回答，"我想，不少吧。"

"嗯，我们已核查过了。"淮德单击至一张圆形比例统计图投影片，"此时此刻，我们的商店正受 30%左右缺货之苦，这是这个行业的特点。一项令我们惊奇的发现是，现在至少在一家商店缺少的 SKU 中，有 68%在本区域其他商店中却有着超过两个月的库存，你知道这意味着什么吗？"他问，没有等待回答，他继续说："这意味着，当我们把库存汇聚于区域仓库时，每家商店缺货现象将立即下降约 2/3，降至只有 10%，这意味着，销售马上增加至少 20%。葛甜，难道你不希望你的缺货下降至只有 10%吗？"

"我希望，但是，淮德，两个月之后又怎样呢？"葛甜仍然坚持，"以一个我有存货而其他商店没有的 SKU 为例，如果我将我的库存送交区域仓库，我承认我仍然得到两个月的保护，因为本区域总共有两个月的库存，但两个月之后将发生什么事情呢？采购部要 4～6 个月才补货一次，我宁愿守住自己的货好了。"

看到淮德对这个回应好像有点恼火，鲁泽要插手了。"让我回答这个问题吧。"鲁泽说,"我从这里入手。目前,当一家商店缺一个 SKU 时,老实说,我眼都不会眨一下。我知道,其他商店大概会有大量这个货。当你们并不想费心在你们之间自行好好处理这个问题时,问题似乎也不会严重到要由我去起动跨区域输送。一家商店缺的货,在其他商店的货架上却有那么多,我为此而头痛是白费的,但我们可以把库存汇集起来。一家商店缺的货,所有商店也将同样缺,不过请放心好了,我一定努力从其他区域抓货过来,其他九个区域有大量的货。"

"那么,你成功的机会有多大呢?"她问,"如果 SKU 对我们来说是快销品,对其他区域也可能是。"

"这个我可以根据经验回答。"鲁泽信心十足地说,"在过去几个月中,我跨区域输送次数越来越多。针对博卡拉顿滩商店的实际需要,四次之中,有三次我毫无困难地拿到我要的货,这就意味着,你可以预期,缺货会由 30%下降至不超过 10%。"

坐在葛甜旁边的杜伟,低声在她耳边说了些什么,她笑着回答鲁泽说:"如果你能成功地把我的缺货减少到今天的一半,我会很高兴。"

昨天,淮德和鲁泽对采纳嘉露的建议有点犹豫,她要他们等待,当他们首次谈及所取得的缺货下降的成绩时别提任何数字。她声称他们将得到更大的成果,如果他们能够等听众先道出他们的顾虑的话。淮德扫视听众,试图猜想他们的看法,一个愁容显现了——迪拉古。嗯,他想,自己不可能赢得所有人的。淮德端起水杯，喝了一口水，然后问道："还有谁呢？"

朱庇特市商店经理穆提拿起他的铅笔，问："可以让我说说吗？"

淮德点点头。

"如果仓库发生问题，怎么办？"这位以色列裔商店经理问，"例如，货车坏了？这样的事两星期前曾发生过，问问鲁泽就知道了。"

"穆提，"淮德回答，"我们并不要求你只持有一两天的货在店中，两星期才像样一点。我们知道，一些不可抗拒的事件，如货车坏了，会影响运作。即使没有这样的事，我们也应考虑到销售的波动。我们知道，波动很大，但两个星期的库存应该能够提供足够的保障。试想一下，每个 SKU 都有两个星期的货量，那么，货车星期二不来，星期三才来，你也不必屏住呼吸，因为你可以继续卖，卖得比以前更好。"

"我看，相对于我们的营业额，持有两个星期的货量是足够的。"棕榈滩商店经理尼克说。

"我很高兴你能认同，尼克。"

"且慢，我仍然有一个问题，货架上只有个两星期的货量，商店的一半货架岂非是空的？"

"那么，以其他 SKU 来填满吧。"淮德回答，"我自己也这样做了，我原有大约 2 000 个 SKU，上个月又加了 500 个，区域仓库提供给我们的是任何商店的 SKU 数的双倍以上，而这些新近加进的 SKU 所带来的收入是巨大的。看看那些数字吧，这是上回我的商店盈利跳升的原因。"

尼克将身体靠在椅子上，显然满意所得到的答案。即使穆提，他一向给人的印象是嗅到死鱼气味的能力很强，脸上也都挂着一丝微笑。

"我可以说说吗？"婍莲娜是最有经验的商店经理。准德知道，说服了她，对说服其他所有人是很重要的。

她一边擦拭眼镜，一边问："如果推行无效，那会怎样？如果把我们的库存交给区域仓库，并从我们的账目中移走，而我的商店的表现并没有改进，或者甚至恶化，那又会怎样？"

"你的意思是，方法对其他所有商店都有效，唯独你的商店一败涂地吗？"区域经理迈田问，他是会议的沉默者，直到这一刻。

"不，当然不是。"这位奥兰多商店经理说，"那不合逻辑，我的意思是，如果这个实验全盘失败，那该怎么办？"

"如果商店的表现变坏，我们就干脆把你们原有的库存运回。"迈田回应，"这只不过是一个内部的库存安排，毕竟，我们有一个确保能恢复原状的按钮。"

两三人点头，表示接受迈田的说法。

迪拉古发出窃笑。

"好说好说。"这位圆滑的迈阿密市中心商店经理说，"但有一件小事令我烦恼，微不足道的小事。"

"所有问题都是重要的。"淮德回答。话中隐藏着他的真正意思。

"我们现在讲的是，要高度依赖区域仓库。"迪拉古评论道，几乎语带嘲笑，"但到目前为止，我们都对补货速度不满，这是指当他们还是用未启封纸箱整箱发货时，而现在你的系统要求后勤人员处理小批量，甚至一条微不足道的手巾，那你肯定区域仓库有能力这样做吗？这并不仅意味着更频繁的运送，还意味着每次运送的相应工作量增加了。我这样问，是因为万一仓库在这项不可能完成的任务中崩溃、化为灰烬，我们不想殉葬。"

淮德注意到，所有商店经理们的神经都因这个问题紧绷起来了。

"这是关于你的一块，鲁泽。"他笑了。

"到第 17 号投影片吧。"鲁泽信心十足地说，"这是物流问题，但比大家想象中容易处理得多。"他接着利用三张投影片，花了不到五分钟时间演示了小型仓库的概念。"总之，我一直就用这个方法供应淮德的商店，这个方法应该能够满足你们所有人的需要，没有问题。我面对的唯一限制，是商店加入这项倡议的速度，由于我需要安排从每家商店运来他们现在持有的库存，仓库每星期只能接受两家商店加入。"

淮德环顾四周，看看九位商店经理的表情，除了迪拉古严峻的脸孔，每个人似乎都轻松随意。

淮德深受鼓舞，他脸上挂着商店经理的最佳笑容，说："谢谢你的问题，迪拉古。还有哪位想发言？"

看到没有人举手，淮德要冒险了。

"那么，谁愿意牵头搞？"他问。四只手举起。迈田选择了最有经验的商店经理婍莲娜和贺姆斯泰市商店经理杜伟，贺姆斯泰市商店在本地区排行榜之末已经多年了。

迈田开始对大家的到来表示感谢，加里打断他："等一等，等一等。"

淮德做好心理准备，知道会受到抨击，此人在一星期前拒绝接受这个系统。

"淮德，你能够为我的部门经理们做同样的演示吗？"

***

演示一结束，淮德就跑到妻子的办公室，向她报告成果。嘉露非常高兴，不仅因为演示说服了那些商店经理们，还因为那种奇异的光芒已重新回到淮德的眼睛。

"而且，"淮德作总结，"你的想法令一切进行顺利。一开始，我们先让他们同意问题的核心到底在哪里，然后让他们明白哪些是错误的因果关系连结，最后才揭示我们的解决方案。"

"太好了。处理他们的'对，但是'又如何呢？"她问，一边拿出两个酒杯及一瓶香槟，都是她早已预备好的。

淮德告诉她关于在迈田、鲁泽、自己，以及各商店经理之间进行的问答环节。

"真有趣。"嘉露说，"看来有两类'对，但是'。"

"什么意思？"

"先以葛甜担心对她的库存失去控制作为例子吧。"她回答，"这关乎改变可能引发的负面效应，这是第一类。当这些都展现出来后，另一类'对，但是'就登场了。迪拉古的担忧在本质上跟前一类不同，你有留意吗？他并没有说你的解决方案不好，他指出了一个障碍，该障碍会阻挡着你，令你不能成功实施。在某种意义上，他是支持你的。"

淮德做了一个鬼脸，说："是的，当然。但是，亲爱的，你能明白，这就像剥洋葱，抗拒一层接着一层地出现。坦白地说，如果你没有要求我准备好应付所有的'对，但是'，我想我会在那个阶段就干脆放弃，或者让自己大发脾气。他们表达的所有顾虑，我现在都接受为对建议中的改变的有效性的合理探讨，但这些意见的表达方式当时是非常负面的，让人感觉他们竭力阻挡着车轮，不让其前进，你很容易就堕入陷阱，说人们抗拒改变……"

"一旦到了这步，强加改变就只差一步之遥了。"嘉露同意，"相反，你一层一层地剥洋葱，按照正确的次序。现在，他们已准备好吃你手中的洋葱了。"嘉露笑了笑，"或者至少吃你的解决方案了，这是一项完成得极漂亮的任务！"

"干杯。"淮德一边说，一边向她举杯。

第 *19* 章

跨区输送起波澜

Isn't It Obvious?

"你能够说出弯曲与上升的区别在哪里吗？"淮德语带嘲弄地问。

"不行不行。"鲁泽回答，"我只看着荔诗，她鼓掌我就鼓掌。"

在他们的女儿的芭蕾舞团表演中场休息时间，淮德和鲁泽都被遣为他们的妻子取饮品，鲁泽一边向酒保要汽水，一边对淮德说："你有没有听到迪拉古终于屈服的消息？"

"你的意思是，尽管他在演示会上装腔作势，但他终于还是加入了，跟本区域所有商店一块儿？"淮德问，"嗯，考虑到上个月他排名第九，这个月第十，他大概跑到迈田那里，找个借口加入了。"

"哦。"鲁泽说，"这可以当作解释。"

"那么，现在他也加入了，你的工作必将更容易了吧。"淮德说，"所有人都已加入，你不再需要同时操作两个配销系统，系统平稳运行，对吧？"

"平稳运行？"鲁泽做了个鬼脸，说："我不用'平稳'二字。"

"为什么不呢？迈田是否已按照承诺供应了额外的叉车和人手？"

"他照办了。"鲁泽想让他的朋友冷静下来，他们开始穿过人群走向他们的妻子。鲁泽继续说："在新的安排下，仓库运行良好，不过，跨区域输送变成越来越大的问题，我们的销售增加了那么多，以致缺货越来越多了。"

"但所有人都已将库存转移给你了，你的仓库必然拥有比以前更多的库存了。"

"这是事实。"

"更多库存，以及更多缺货？前者不是可以令后者减少吗？"淮德问。

"总的来说，缺货比我们将库存汇合于仓库之前减少了。"鲁泽解释，"正如我们所料，一家商店出现缺货而我无法补货，但其他商店堆积如山的情况一次都没有发生了，然而，当整个区域都缺一种货时，这种汇合是无济于事的。"

淮德把手放在鲁泽的肩膀上，阻止他跨进一张正在拍摄的家庭照中。

"谢谢。"闪光过后，鲁泽继续说，"问题是，当我宣布我将从其他区域仓库提取快销品时，我不知道我让自己闯进了什么境地，相关的工作真多啊。"

"必然如此。"淮德同情地说。

"你有所不知。"鲁泽沮丧地说，"只为你的商店进行跨区域输送令我产生错误的印象，以为为整个区域做，难度是差不多的，我简直是蒙着眼睛跳进阴沟里了。"

"我承认我有所不知。"淮德评论道，"可是，你在说什么呢？"

鲁泽吐了一大口气，开始细说："当你缺某种货时，我打一两个电话，就可以弄到一个经济批量，足供你的商店六个月的销售。当然，在供应商下一批货到来之前，你就得靠这些了。以前只需打一个电话，在可预见的将来我都不需要再为这种货费神了。但是现在要我补货的是十家商店，同样的经济批量只能供十天之用，这种货必须一直待在我的清单上，我必须一次又一次处理它。你知道我要追踪多少种货吗？1 000多种。"

"情况真的有这么糟吗？"淮德看见他们的妻子在大厅尽头。

"不，比这个还要糟。"鲁泽称，"过去，我只需要找两三个区域仓库就可以找到我需要的货物，而现在，经过三四轮查询，在其他任何区域仓库都没法找出什么来，我整天都在打电话。"

"我敢打赌，其他仓库并不总是乐于帮你。"淮德继续说，"我知道以前的情况是怎样的，当我试图从本区域其他商店要货时，他们会把我的要求当成该种货卖得好的信号。我只能猜测，我们越成功，这种情况越会加剧。"

"是的。"鲁泽回答，"他们正一天天变得聪明起来了，路易斯安那州的卡尔甚至直截了当地告诉我，他已经注意到，如果我要某种货，那么他的各商店将在一两个月内也向他要该种货。对快销品的追逐似乎永无止境，这越来越变成一场徒劳无益的追逐。"

淮德从没有意识到，这是多么令人沮丧的工作。"你是否对参与新方案感到后悔？"他问。

"不是。"鲁泽回答，"如果你觉得我是在向你抱怨，那我要致歉。"

"我怎么会这么想呢？"淮德取笑他。

"淮德，工作是艰苦的，但很值得。我知道，我成功引进来的每个批次都直接影响公司的盈利，真正的影响。总之，它比以前好很多很多了。"

"什么好很多很多？"荔诗问她的丈夫。

"妮琦在表演舞蹈。"鲁泽亲吻妻子的脸颊，"而我们却在谈业务。"

"这次谈的是什么？"嘉露问。

"我们正在讨论一个鲁泽正在面对的问题。"淮德一边将纸杯交给妻子，一边说："他一直拼命地为本区域寻找短缺的货品，也许采购部有人能够比平时更快地为我们提供快销品……"

"男士们，这不是我说了算的。"嘉露解释，"你能够给我一个准确的预估吗，关于你的商店由现在开始六个月内会卖出的货品？"

"上一回我们已核查过，水晶球还没有到。"鲁泽哈哈大笑起来。

"我们就利用手头仅有的做到最好吧。"她以管理者的口吻说，"如你所知，跟你的情况不一样，这不是一家公司内的后勤问题。没有一个准确的预估，我得完全依赖制造商。"

"我们讲的不是我们的所有货。"淮德央求，"这只关乎一些货——快销品，本区域正因缺货而丢失了很多钱，仅仅我的销售额已下降了约 5%。将我的损失乘以十家商店，以及考虑到要等多久下一批货才会到来，这项损失就十分令人震惊了。"

"我知道，对集团所造成的影响是这个的十倍。"嘉露说，"但是，正如我所说，我不可能做点什么。"

鲁泽插嘴："我的视野狭窄，只看到自己的区域。有没有可能让制造商加快生产出我们区域所需的小批量，而把这些都夹在供应商为集团生产的大批量订单当中呢？"

"我来研究一下吧。"嘉露不作明确承诺。她想，大伦一直以来的说法是对的，新方法一半的威力来自一种资源——其他区域的过剩库存，而这也只不过是有限的资源而已。解决的关键，如果有，那必然在采购部。大家经常埋怨采购部，而现在，她开始考虑他们可能是对的。

"钟声响了。"荔诗说，"我们回去吧。"

第 20 章

不到半年，就会回到老模样

Isn't It Obvious?

　　迈田的心情棒极了，吹着口哨乘电梯上顶楼。最新的月度报告把他的区域再次列为第一名，远远超越其他人。销售额的大幅增长，配之以双位数字的库存周转率，这简直闻所未闻，实际上令人难以置信。此外，每家商店持有越来越多的 SKU，他满怀信心地憧憬第一名宝座已好长一段日子了。

　　这位小个但有威严的区域经理，沿走廊走到首席运营官的办公室，秘书示意他进入。祁道发坐在深色的松木桌子后面，跟他打了招呼，并请他坐下。

　　"恭贺你排名第一。"首席运营官说，"你带领你的团队勇往直前，成绩相当了不起，好好干吧。"

　　迈田有一种强烈的似曾相识的感觉，说："谢谢你，先生，这需要很多规划和严密监管，以确保我们会那么成功。"

　　"那么，你为什么想见我？"祁道发似乎很好奇，每年的定期检讨下个月才进行。

　　"先生，不仅是辛勤工作令我的区域拿到第一。"迈田回答，"我的员工开发了一个新方法，现在我确信是可持续的，我想建议其他区域也实施。"

　　"你的系统至今只运行了一个季度，对吧？"显然，首席运营官并不像区域经理那么热衷。看到迈田点头，他继续说："让我们从适合的角度看事情，好吗？当你的区域的销售在三个月前达到高峰时，我已经开始密切留意你的区域了。我分析过你的区域的数字，也留意到你以错开方式让各商店加入这个非传统的运作模式，以及引进新的 SKU 会构成什么影响。最后，真正的趋势冒出头来了，你初期阶段盈利获得跳升，但其后每个月，缺货又再增加了，销售从比例上看是下降了。根据我的计算，不到半年，你就会回到你起始时的老模样了。"

"这不过是因为快销品在货架上被抢光了，"迈田说，"而且，从其他区域拿这些产品越来越难了。"

"正是这样，但这是总趋势。"祁道发回答，"那是一个美妙的高峰，但随着时间的推移，你的业绩数字将回到它们的常规水平。"

"多给它一点时间吧。"迈田试图解释，"你会看到，高的数字将维持，而这个新系统是可以在整个集团实施的。"

"以什么代价？"祁道发的浓眉挤在一起，问，"这个一次性高峰已令区域仓库有相当于其他任何区域五倍的跨区域输送了，它的效率已跌穿地面了。你刚才说，你的销售增加跟跨区域输送是有关联的，你试想一下，当其他区域也懂得这一点，不再那么慷慨地提供你需要的货时，后果会怎样？此外，如果整个集团都用这种模式，要到哪里才能找到快销品？从其他区域吗？他们跟你一样迫切需要这些产品。"

"但即使不属于快销品，销售也改善了。"迈田试图捍卫自己的行动，但祁道发坚持。

"改善幅度还不足以令这场运作方式的变革变得值得。过去这段时间，你的仓库有系统地持有相当于商店库存量四倍的库存，这跟我们行业的做法正好相反，让我们面对现实吧。你有任何真正的支持数据来证明你的方法对整个集团有可操作性及可持续性吗？没有吧，这就是为什么业界从来没有人尝试这个新方法。"

"我知道，方法很创新。"区域经理一边说，一边在不舒服的座位上挪动身子，"但这不能成为不实施的理由，这个方法有许多优点，例如，每家商店现在持有的 SKU 比以前多出 500 个，这是销售增长的一个重要因素。"

"这令物流管理更困难了。"

"我们已经解决了这个问题。"迈田回答，"为达到目的，我们开发了新的计算机系统。"

"计算机系统"四个字刚刚离开迈田唇边，祁道发的脸庞已变成了一堵石墙。

"不要讲另一个计算机系统了，新计算机系统已耍得我晕头转向。我们还没有清理完上一个系统的烂摊子，我不知道，经历这样的磨难是否值得。目前的情况是，我们已在那该死的软件和它的臭虫上赔钱，而新的预估模组成本高，还引发那么多令人头痛的问题，它计算出的预估却像旧的一套那么荒谬。我最不需要的是，计算机部员工又启动一个新项目！"祁道发很坚决，从座位上跳起来，站在办公桌和迈田面前，"清理数据、重新规划数据名称及菜单、培训全体员工、测试和无休止地捉拿软件臭虫，恒莱决不会同意这玩意儿的。就这样简单，对不起，我的语气不好，但我不愿意批准你的建议。"

祁道发顿了顿，他不想故意令他的下属灰心丧气。"不过，"他说，再慢慢地坐下来，"我知道，这是你和区域所有员工的巨大努力，而且你也取得了优异的成绩……以后一段时间，好好干吧。"

迈田向上司告辞，离开办公室，走回大厅。很明显，再坚持自己的观点是没有用的。

当走入电梯时，他意识到，事情没有什么大不了。他确信，他的区域的成功会延续下去，而他并不害怕其他区域会停止给他所需的货品，他们从来没有因为慷慨而给他货品，他们只不过是想摆脱极高的过剩库存而已。

他已经做了他应该做的。他已提醒他的老板新系统的优势何在，不过，说实话，如果他的区域仍然是唯一一个区域——仓库根据新运作方式持有库存、每天根据实际消费量补货——那他一定能保持排行榜上第一名的宝座。

祁道发快退休了，如果迈田连续两三年作为表现最佳的区域经理，这可确保他的名字将被刻在运营副总经理办公室门上。他有本钱耐心静待，这个多年前从助理店面经理做起的男孩，凭苦干坐上南佛罗里达州区域经理的位子，他现在看到了一条路径，直接将他引向山的高峰。

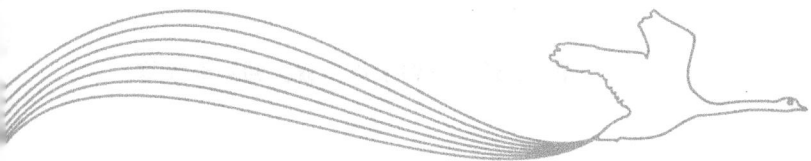

第 *21* 章

双 赢

Isn't It Obvious?

嘉露在玩她的拿手好戏，跟汉娜零售集团的最大供应商开会两小时了。她知道她已从首席执行官那里挤压出不少东西了，坐在他的新德里办公室，嘉露含笑在未来六个月的订单底部签上了名字。

"跟你谈生意，永远是一件乐事。"辜宝塔先生以标准英国腔说，"我期待再做你的东道主。"

"其实，还有一件事。"嘉露回答。

就在几星期前，她曾向淮德承诺，看看可以做点什么来加速获取鲁泽无法从其他区域仓库拿到的货。

在这期间，她一直在想这个问题。她做了一些计算，令她确信她没有就缺货对财务所造成的影响给予足够的重视，不过，减少缺货就意味着要求供应商加快小批量供货，这对供应商来说，难度有多高呢？如果她要她的供应商经常性地这样做，她需要付出多少钱呢？需要大规模地这样做吗？

她能够得出的唯一结论是，虽然她已经跟这些供应商交手很多年了，但她其实对他们所知甚少。她知道，他们的一桶金就是较高的售价，而向她小批量快速供货，会带给他们什么痛苦呢？他们现在正跟什么鳄鱼搏斗呢？什么是他们的美人鱼呢？她需要嗅出答案来，主要步骤是提出这些问题，并认真聆听他们的反应。

"上回我们见面时，"嘉露说，"我订购了 5 000 套 ETL 床单，我知道这批货三个月后才会付运，但我想知道，你可否早一点付运。"

"要早多少？"

"下星期就很不错，"嘉露尝试，"你可以催得紧一点吗？"

"为什么总要在最后一刻才提出？"辜宝塔先生问，冰冷的眼神令他的语气结霜。"你知道，我们几乎会做任何事情来帮你解决问题，但这回是不可能的。"

嘉露连眼睛都没有眨一下，她已预料到这样的反应。

这位温良的商人拍了拍翻领上衣的灰尘，继续说："如果你要的是几百件，也许可能，但几千件，不可能！"

"等一等，"她惊讶地说："下星期加快出几百件是可行的？"

"也许。"这位印度供应商拉一拉他的小胡子，"这一切要看是否有足够的布料已染色。你要我加快出多少套床单呀？"

嘉露在脑海中快速心算，5 000 套应该足够半年之用，这意味着集团每个星期会卖 200 套。"我要 200 套。"她回答，这应该足够应付南佛罗里达州区域了。

看到辜宝塔只是点点头并伸手拿电话，她决定出击，试试运气。"每星期交来 200 套，直至整张订单完全付运。"20 套已足以应付准德的区域需求了，每星期 200 套就可以解决所有区域的需求了。

辜宝塔先生给他的物料经理打电话，用泰米尔语问他一些事情，在等待物料经理的回电时，他解释："缝制是以小批量运作的，每批 12 打，但编织及布料的染色工序就完全不同了，即使要赚很少的利润，我们也必须大批量进行。"

电话响了，他接听后说："你走运了，显然，足够 1 000 套用的材料上星期已染色。每星期向你发送 200 套，就给了我们足够时间来为其余的布料染色，这就是你要的吗？"

"绝对是。"嘉露果断地说。

"怎样付款？"辜宝塔先生问。

"标准操作程序。"嘉露想知道为什么他这样问，毕竟，汉娜零售集团在付款上从来没有失约。"收货后 45 天之内。"

"这不公平。"辜宝塔抱怨，"是你提出要分批付运的，为什么我要等那么久才收到钱？我明白，为了防范我交不足货，你等到整张订单的货都收到后才付款，但今天我们谈的情况是，你要我们提前分批付运。"

"对不起，也许我应该纠正我的说法。"她道歉，"我应该讲得更清楚一点，每星期每次收货之后的 45 天之内。"

辜宝塔还是不满意。"由于我们将订单分批付运，这就意味着为同一张订单你们要分多次付款给我们。你能否对你们的会计部做出安排，让他们不要以太麻烦为借口而拖延付款？"

嘉露认为做出这项保证是没问题的，她将亲自监督此事。她明白，每星期为收到的货付款，就打开了未来同类安排之门。辜宝塔的一桶金不仅是更高的价格，还有更佳的现金流。现在，他加快了小批量供货（她后来发觉，这个做法带给他的痛苦比她想象中少很多）。他其实并非为了帮她什么忙，相反，这是对双方都有利的良好业务，她可提前拿到她需要的货品，而他三个月内每星期都可以收到钱，有别于以往在后期才收到整笔钱，这意味着他的现金流将更为顺畅了，难怪他愿意多花点力气。

为了确保没有误解，辜宝塔先生说："你也知道，每次付运你必须付约三倍运费，因为你的货品根本装不满一个货柜。"

嘉露脸色一沉，一直以来，她都在想方设法提高公司的销售额而不是增加开支。诚然，提前拿到这批快销品所增加的营业额可以很容易地抵消运费的额外开支，但多付钱是有违她自幼受到的教导的。

辜宝塔先生看到她的表情，害怕这个有利的安排会因此而告吹，他建议："也许你有更多货品可让我们每星期分批付运，直至订单结束。如果你能分拆多个订单，得出同样的小批量，就足以装满一个货柜了。"

嘉露笑了，她敲击键盘，打开鲁泽那张其他区域仓库无法供应的货品清单，不到 15 秒，她抽出由辜宝塔的公司负责供应的货品。她把笔记本电脑转向辜宝塔先生，说："我还有 20 种货品可加入，相关的布料已染色了吗？"

答案是，只有 4 种货品的布料准备就绪。

"这还不够。"他忧心忡忡地说，"但，请等一等。我看出其中的格局来了，你要我加速供应的床套都是特大号，但你也有订单要我出大号，两者都用同样的布料，也许……"

他的话还没有说完，但对嘉露来说，已经足够了。"如果我要求两者对调，将特大号推前，那么，你的订单还是完整的，你同意不同意做相关的调换呢？"

"只要布料还没有被裁剪，就应该没问题。"辜宝塔告诉她。

已染色的布料和布料的原料可共用，以及嘉露和辜宝塔都愿意将物料从一种货品转向另一种，这对事情的发展肯定有帮助，在鲁泽的清单上这家公司负责的差不多一半的货品都可以在下星期开始付运。

最令嘉露惊奇的是，一旦她明白她的供应商的一桶金是什么，以及他们的痛苦是什么——大批量只适用于编织及布料的染色工序，而在缝制工序，小批量操作已经是现今的常态——她就再也没有遇上什么抗拒了。

她意识到，这还不是全部的解决方案，但这是向前迈进的一步，很大的一步。这令更快速应付缺货变得有可能，也有可能大大缩短生产所需时间，正如这些例子所示。

当他们完成交易时，嘉露不得不注意到一件并非不那么重要的事，她留意到她的供应商是多么的开心，他得到改善了的现金流、较小及较容易处理的批量。以往，当完成交易时，让她感觉双方都赢了的情况实属非常罕见。其他供应商也会如此乐于协作吗？

第 *22* 章

首席运营官要让位

Isn't It Obvious?

"你在这里面看到了什么？"恒莱把月度报告推至他宽大的办公桌的另一边，"我猜对了，淮德的表现比你预料的更棒。"

"我已经看过相关数字了。"祁道发回答，一边在他的老朋友兼老板对面坐下来。"淮德的商店和南佛罗里达州区域的报告，我都看过了，很好的数字。问题是数字太好了，我摸不着头脑了。"

"小心听好。"恒莱回应，"当你减少缺货时，同时增加 SKU，利润就上升了。"

"这一套我明白。"祁道发显得很烦躁，"但你坚持让我们必须服从你的规则——如果我们不清楚，就别行动，直至我们弄清楚。"

"有什么东西你还不清楚呢？"恒莱问，然后以柔和的声音说："祁道发，什么事情在困扰着你？"

"你的另一条规则。"祁道发回答。"如果你不直接针对核心问题，就不要指望有显著改善。我们的核心问题已被讨论过数百次了，那就是我们无法准确预估未来的需求，而我们的供应时间太长了，所以，最终有些货品我们买入过少，有些过多。在南佛罗里达州区域所出现的变化，跟我们买入了什么完全无关，我们在买入跟卖出之间的不匹配仍然存在，只要它仍然存在，你怎能指望有一个更高水平的表现呢？"

"新方法没有纠正采购上我们正忍受的固有不匹配，你说对了。"恒莱回答，"但它确实解决了物流上的固有不匹配。你忽略了一个事实，我们对每家商店的预估甚至比指导采购的预估更糟，我们无法纠正外部的不匹配，但新方法确实纠正了内部的不匹配，这就是极大改善的由来。"

他摆摆手，不让祁道发做出反应。"听我说完，由于商店没有一个准确的预估，我们发货至商店时有些货品过多，有些过少，这就是他们出手纠正之处了。利用内部供应时间其实是非常短的这个事实，他们让商店只持有短期所需的货品。结果是，曾卡在贝恩顿滩商店多时的货品，现在在基斯市商店可以买到了，这种聪明的库存布置方式是系统化的，这是他们做到的一件事。另一件事，就是我们已经提过的，新方法令每家商店持有更多 SKU，这也是更谨慎地尽量利用我们手中所有货品的一个做法。"

祁道发想了一会儿，他从十四层楼的窗口凝视着迈阿密市中心的景色。

"但从来没有人这样做过。"他说，仍然小心翼翼。"我们必须小心每一步。"

"好吧，伙计。"恒莱笑了，"但我认为，我们已做了足够的查证，可以向前滚动了，同不同意？"

"同意，但我们一定要进一步检查。"祁道发回答，"我来负责。"

"你认为，谁是领导这项创举的最佳人选？"

"还有疑问吗？"祁道发直视汉娜零售集团董事长的眼睛。"新方法出自淮德，是淮德的创举，他最了解整件事，他也知道在哪里容易出错。此外，他是我认识的最现实和谨慎的经理之一。

很久以前，我已跟你说过，停止让他在低微职位上浪费光阴的荒谬做法。我知道他刻意避免特殊待遇，但我们应该在很久以前就猛踢他的屁股，让他坐上高层行政管理职位。"

"好吧，我跟他谈谈。"恒莱喜形于色，"给他个什么头衔好呢——企业重组执行副总？"

"简单一点吧，首席运营官，如何？"

"什么？"

"我已经在这个职位上很长时间了，恒莱。"祁道发回答，他的手触摸着头发，想找出那些白发。"其实我比你工作的时间更长。当你跑到大学里逍遥时，是我在商店里和你的母亲一起挨苦役，愿上天保佑她的灵魂。你以为我会干什么？——看着你欢快地跟孙辈玩？然后苦坐在这里，等待那个习惯在我的腿上蹦蹦跳的小女孩向我发号施令？你别跟我开玩笑了，我认为我已赢得了选择我的继任者的权利，我在这里度过了40个年头。"

"亲爱的朋友。"恒莱直截了当地回答，一边提起电话，"你当然有这个权利，让我打个电话。"

"是恒莱！太意外了！"丽迪雅叫道，"而我应该感谢什么，令我这么早就有幸听到你的声音？"

恒莱被妻子的幽默感逗乐了。"我们邀请淮德和孩子们今晚来吃晚饭，如何？我已经太久没有见到宾恩和丽莎了。"

"我讲过什么令你有此想法？"恒莱几乎可以看到电话另一端的惊奇表情。"你到底想干什么？"

"哦，没什么，亲爱的。"他说。

"没关系，大概是生意吧，反正我不想知道。"丽迪雅显然不相信丈夫的说法。"我会请淮德在六点半到这里来，孩子们应该吃一顿好的，甚至当他们的母亲身在海外时。"

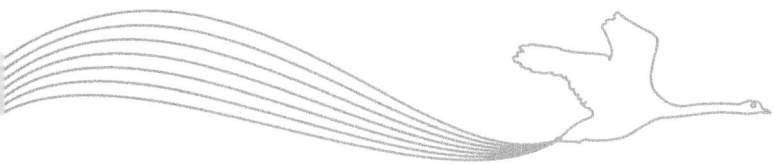

第 23 章

码头旁的大仓库

Isn't It Obvious?

宾恩和丽莎跑进恒莱大宅，把父亲落在后头，淮德走过入口大厅，进入宽敞的客厅。他的孩子们正拥抱着他们的外祖父母，丽迪雅以轻轻的拥抱迎接他，并在脸颊上一吻，然后在他的耳边低声说："他们要做一些事情。"

恒莱走过来，坚定有力地握住女婿的手说："淮德，你好吗？昨晚尼克斯篮球队赢了，有点失望吧？"

"我很好，谢谢。"淮德说得有点尴尬，一边琢磨丽迪雅所说的"他们"是指谁。

"好，好。"恒莱意气风发，"你喝点什么？我有一瓶新的威士忌酒在我的书房，何不前去一试呢？"

恒莱关上书房的门。墙壁最近已换成淡褐色了，那张很大的松木办公桌已被豪华的客厅设置取代，其中一张巨大的真皮沙发椅正被祁道发占用着。

谜底揭开了，淮德想。他和祁道发打招呼并说了几句话，好像是赞美书房的新设计。

"丽迪雅说，如果我的退休是认真的，"恒莱说，倒了三杯威士忌酒，"那么，我就不能拥有一个像行政办公室的房间，干杯，干杯！"

淮德陷进另一张沙发椅，恒莱继续说。

"我们紧盯着你的商店的进展。"恒莱说，"的确令人印象深刻，你显然是跳出框框去思考了。"

"谢谢你。"淮德回答，"但其实我没有其他选择，我只是对危机做出反应而已。显然，危局迫使我以更佳方式经营。"

"过谦了。"祁道发说，"多年以来，我们经历的危机无数，但风潮一过，我们总是回到标准操作的老样子。"

"我几乎也是这样的，幸好，嘉露制止了我。"

"你快速令整个南佛罗里达州区域采用你的方法，我们也印象深刻。"恒莱提起杯子，喝着酒。他问："那么，告诉我，你炮制的这个系统能否在整个集团实施？"

"在一定程度上是可以的。"淮德有保留地回答。虽然他预计这件事会落到他头上来，但他没有一个明确的答案。"我相信，系统的一个重要组成部分可以在整个集团成功实施，所得的裨益就是那么多，每个区域可自行找出方法改善商店的表现。"

"但是，你有点儿犹豫。"恒莱说。

"我有点儿犹豫，因为在我的区域现在卖出的货品中，有相当部分是通过跨区域输送从其他区域拿到的。"淮德解释说，"目前，区域间的输送量相当大，但当所有区域都用这个新系统时，我恐怕跨区域输送的需求会大增。我的难题是，许多跨区域输送可能是无用功，你从一个仓库转移一个 SKU，两个月后你发现这项转移却造成一次缺货，这样的输送是毫无意义的。"

"如果我们完全禁止跨区域输送，"祁道发问，"我们仍然可以有很大的获益，对吗？"

"这样，我们就错过一个良机了。"恒莱不喜欢这个建议。"一个区域缺的货在其他区域却大大过剩，这种情况经常出现。"

"三鸟在手比四鸟在林好。"祁道发回应。

恒莱转向淮德。"你怎么看？"

"我倾向于同意祁道发，但不搞跨区域输送，要说服商店经理合作太困难了。"淮德说，"只有当我向他们保证，可从其他区域获得更多库存，缺货因此会下降时，我才能真正打动我的区域的商店经理们。没有商店经理们的真诚合作，在他们的操作方式上进行这么大的变革将永远无法起步。"

两位老人面面相觑，知道这个年轻人是审慎的，这让他们感到欣慰。

"让我们退一步看，好吗？"恒莱建议，"假设在南佛罗里达州区域的商店之间目前是没有相互输送的。也许我们应该分析一下你是如何达到奇迹的，并看看这对跨区域输送有无参考价值。"

"好吧。"淮德同意，"说实话，虽然我不知道这当中有哪部分具有参考价值。一项合理的输送是指将过剩库存从一个点转移至一个缺货的点。在商店层面，这意味着任何成功的输送就是一个明确的信号，指出其中存在一个错误——开始时商店进货过高了，否则过剩情况不会出现。在新的配置下，我们承认从区域仓库至商店的补货时间其实很短，因此我们不把货大量推压给商店。我们没有在商店中制造过剩库存，所以不需要以输送来纠正什么了。"

"为什么你认为这不具有参考价值？"祁道发问。

"有两个原因。"淮德回答，"首先，为区域仓库补货所需时间长得多；其次，区域仓库并非过早地得到货品——它们是配销系统的起点。"

房间内突然静下来，笑意在恒莱的脸上慢慢散发开来。

"根据你的论点，"恒莱推理，"由于我们在区域仓库之间有那么多跨区域输送，这意味着大量的货品正被放置在错误的位置，我们不必要地把货品推压给区域仓库，而不是只提供区域仓库需要的东西。"

"我们不可能只提供区域仓库需要的东西。"祁道发争辩，"这将导致集团的整个库存都得放在劳德代尔堡港的码头旁边。"

"正是。"恒莱表示同意，"而我们需要的正是一个中央仓库，坐落在那儿，就在码头附近，由劳德代尔堡到任何区域仓库都不超过一个星期，相对来说，这是很短的。那么，如果我们建立一个中央仓库，我们就可以根据实际消费量发放货品至各区域仓库，确保所有货品，不论是浴衣还是锅垫，都将在适当的时间及适当的地点出现。"

"这就意味着跨区域输送从此不用搞了。"祁道发语带惊愕，"恒莱，为什么我们没有早些想到这点？"

"还记得我们常说的吗？"恒莱咆哮着，"如果事情明显得令人感到尴尬，它必然是正确的。"

淮德一直在专心地聆听，突然有所醒悟，"恒莱，当所有 SKU 都集中在一块儿，你解决的不仅是内部物流问题，嘉露的一半问题也将迎刃而解了。"

恒莱笑了。"我们确切地知道什么时候运送什么到哪里。商店和区域仓库都不用发订单了，他们将根据每天的销售量获得补货。"

"那么，采购的要求只由中央仓库发出。"淮德兴奋地说。"库存会真正下降，我们将打破投资回报率的纪录。"

恒莱拍拍淮德的背，说："小子，我喜欢你的思维方式。"

"谢谢你，恒莱。"

"但我们有很多准备工作要做。"祁道发笑了。"我们必须在港口区找到一个足够大的仓库，配置布局……"

"计算仓库应该持有多少库存，定出发货频度。"恒莱继续这个话题。"还有很多未解决的问题。"

"我们需要一个卓越的仓库经理。"祁道发摸着下巴说。

"我知道最佳人选是谁。"淮德提供答案，"鲁泽，南佛罗里达州区域仓库经理，他已经是我这个进程中的伙伴了。后勤安排的想法全部来自他，没有他，我们无法取得成功。而且他已经是公司的老员工，有很多经验。此外，由于他就住在附近，你不用支付搬迁费。"

"好极了，我会让我的秘书安排面谈。"祁道发说，身子倾向淮德。"但我认为要有人统筹整个方案，而不仅仅是中央仓库。这样的变革将影响每家商店、每个仓库，更别提我们计算机系统的大改动了。"

"对，一个深入了解本公司的人。"恒莱望着天花板，假装一无所知。"此人的屁股需要朝正确的方向被猛踢一下……"

淮德脸红了。

"淮德，"他的岳父说，"我明白，你想掌握所有技巧，从底层做起。我知道你是个非常能干的人，你锐利的眼光及才华，在每个你担任过的岗位都显著地表现出来了。眼前我的这位好朋友在过去五年已不断向我示意，要你拜访他的办公室，准备在他退休时继任，而现在是时候听听他的忠告了。"

"我感到很荣幸。"淮德回应。

"等一等，恒莱，"祁道发说，"刚才你是否说你终于要听听我的忠告了？这要等到我退休时才发生吗？"

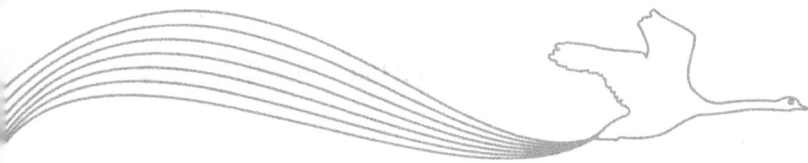

第 24 章

罚款与奖金

Isn't It Obvious?

漫长的一天结束了，恒莱把办公桌上的文件放平整，将几个文件塞进公文包中。他走进汉娜零售集团总部顶楼的走廊中，注意到嘉露办公室的灯还亮着，他不知道她这样卖力到底是因为她选择了这样做，还是她必须这样做。当他宣布她将成为他的继任者时，这给她带来不少压力。他希望她能意识到，像他那样，对于接受新职位她已准备得非常充分了。

他看了一下手表，然后敲她的门。

"现在是八点四十八分。"他说，"挑灯夜战吗？"

"真的那么晚了？"嘉露说，抬起头来，眨了眨眼睛。"我完全失去了时间观念。"

"什么事那么忙？以致不能回家陪淮德和孩子们？"

"是关于外部的不匹配。"她说，"我无法把它从我的脑中弄走，为了它我已经花了很多时间。有一部分问题，我认为我已有了解决方案，但我想在我确定把它呈上并请你批准之前，我没有遗漏任何东西。"

"我的小女孩，如果你真的找到解决方案，那你比我棒多了。"恒莱起进去，坐了下来。"我能够做的，就只是转圈儿而已。"

"那么，你也一直在思考这件事吗？"

恒莱笑着说："思考 40 年了。"接着他以严肃的口吻说："但在过去三个月，自从淮德让我们看到，内部的不匹配是可以解决的，我就一直废寝忘食地想找出如何将他的方案延伸去解决外部的不匹配。"

"我也是。"嘉露承认道。

"但我失败了，因此我急切地想听听你找到些什么。"

"嗯，爸爸，我打算这样做……"嘉露欲言又止，她意识到，如果她一开始就讲最终所得的结果——她得出的结论，而没有充分表达它的重要性及它跟整个流程的关联，那么他会很轻易地否定整个构思，还是依循争取共识的既定步骤为妙。

"你知道的，"她重新开始了，"我想，我向你显示所有相关的逻辑及我找出的因果关系连结会比较好一点，好让你核查我的推论是否正确。"

"这更好了。"恒莱同意。嘉露继续说："多年以来，我一直确信，我们是无法做任何事情来解决采购和实际消费之间的不匹配的；也确信，不准确的预估跟漫长的补货时间并在一起，我们就注定要挨大量缺货及过剩双重夹击之苦。"

"这正是我和祁道发绝对相信的。难怪我们花了那么长时间才被说服准德的解决方案是有效的，那么，你取得什么进展了呢？"

嘉露想：现在，我们已经有了对问题何在的共识了，下一步，我可以揭露错误的因果关系连结了，那些连结阻挡着我们，令我们看不见寻找解决方案的方向。她继续解释："我认为，准德的解决方案的精髓提供了一个很好的起点。因此，为了看看它对解决外部的不匹配有什么参考价值，我尝试真正了解这个精髓和它的概念架构。"

"好。"恒莱高兴地说，"我也做了类似的事，让我做一个假设，你已经了解，他这样做的基础是，尽管预估的准确性很糟，但并不是整家公司的各层面都同样糟。"

嘉露笑了。"我花了不少时间，研究我念大学时记的笔记，对，我找出道理来了。"然后，她总结她的搜寻所得："商店这一层面的预估最差劲，这点我们是无法改变的。根据混沌理论，要准确地预估一家商店的一个特定 SKU 的需求量，其有效性就像要准确地预测一个月后的天气一样。"

恒莱曾花了不少钱在计算机化的预估系统上，却无功而返，然后他把时间放在深入研究这个课题上，所得的只是同样令人沮丧的结论。他接着说："但区域仓库的需求量是它服务的所有商店的需求量总和，由于我们在每个区域大约有十家商店，聚合作用令区域仓库层面的预估准确性比每家商店约高三倍，这是很基本的统计学，而中央仓库层面的预估聚合了所有十个区域仓库的需求量，它的准确性又高三倍。"

"正确。"嘉露同意，"而淮德的解决方案利用了一个已经存在的较佳预估。零售业机构不应把库存放在预估最差劲的层面——商店，相反，它们应该把大部分库存放在预估最准确的层面——中央仓库，并利用相对较短的补货时间所提供的灵活性将货品送到实际需要它的地方去。"

"说得很好，我的小女孩。"恒莱评论，"但是，我就是在这里被卡住了，被困在公司范围之内了。对我来说，聚合效应就在这里止步了，你说你有解决方案，那你有办法引申至公司之外吗？如果你有办法，那么我一定是忽略了什么东西。"

嘉露自豪地回答："如果跳出公司的范围，跳到制造商那里，我是找不到更多的地域性聚合效应的，但是，那儿有另一种聚合效应，继续提高预估的准确性。"看到恒莱似乎不明白，她解释说："很多不同的 SKU 都来自同一已染色布料，平均约 10 个 SKU 是由同一布料制造出来的。"

恒莱慢慢地说："我还是看不出这跟我们的问题有什么关联。"

"我找到了关联，但刚开始时我也是看不清的。"她说，"我们一贯以为，制造商的运作方式是很僵硬的——大批量生产在很多个月之前就要确定下来。不过，根据我最近与我们的大型供应商的互动显示，制造商的僵硬不是固有的，其实是我们造成的。你看，布料染色后，他们就不再以大批量运作了，只要我们以总采购订单来保护他们，保证一段颇长的时间内不同金额的采购，他们会乐意调整他们的缝纫工序排程。我们提前一个星期通知他们就可以了。"她停顿了一下，让恒莱消化她的话。

他很快就明白了。"这意味着，我们应当把库存放在预估最准确的一点：已染色布料阶段。由于制造商在该阶段有完全的灵活性，我们没有必要在很多个月之前就去决定我们需要哪些 SKU 了，我们只需要根据中央仓库的实际消费量来调节我们的订单就可以了。我的小女孩，你确实卓尔不群。"

嘉露对恭维感到有点儿脸红。她的结论是，他已认同解决方案的方向，好极了。下一步，就要看看他过多久才开始提出"对，但是"了。她继续说："我们发小订单，每星期一次，只以运输时间来定提前多久发订单，说得更精确一点吧——是运输时间加裁剪和缝纫所需的一星期。过去三个月，我们开始跟我们所有大型供应商采取这个方法，他们高兴极了。从长远来看，这让他们感到安心——我保证六个月内每个月的总采购量，也稳定了他们的运作及现金流。"

"的确很棒。但是，亲爱的，你调整货量的灵活性基于他们有足够的染色布料，那你是以一个怎么样的方案令他们有足够的布料而不用我们花很多钱呢？"

来了，这就是一个"对，但是"了，她向自己微笑，然后直截了当地回答："很简单，我提早三个月买入已染色布料，放在制造商那里。虽然我付钱，但拿它跟我们一向付的钱相比较吧。"

恒莱在心中一算。"我明白了。"他说，"这个阶段的已染色布料是预估最准确的一点，因此买入过多或过少的风险是最低的。"看到她的笑容，他继续说："你不害怕被过多的布料卡住，因为你总是可以找到方法用掉它的，而你也确保了布料不会短缺，这比在我们这边存放大量成品库存好多了。聪明的小女孩，非常好。那么，你的问题在哪里？仿佛你已经解决了所有问题了。"

"还不是。到目前为止，我完成了的是降低我们对长期预估的依赖，以及将补货时间减少一半，但要充分利用这些改进，我们应该相对地减少我们在中央仓库持有的库存。"

"当然。"恒莱马上做出回应，"我们可以将它减至一半以下，你们已开始这样做了吗？"

"爸爸，我不敢。"

恒莱并没有急于问为什么，他明白原因何在。"你不信任供应商。"他直说而不是发问。

"我怎么敢？"嘉露发泄她的挫折感，"当然，他们承诺准时交货，而我知道他们当中的大多数人是有诚意这样做的，但当另一个客户跑来要他们早交货时，会发生什么事情呢？在这种压力下，他们通常会屈服，而我们的货就被延误了。只要我们仍然持有很多个月的库存，延误所造成的损害是不大的，或者，不管你怎样做，反正那么多 SKU 都会缺货，这个事实起码把损害掩盖了。但现在，如果我们降低库存，损害将是实实在在的，而且非常碍眼。"

"如果是这样，"恒莱承认问题的存在，"我们必须确保供应商知道，为他们自己的利益着想，必须准时交货。你应该要求他们为延误支付罚款，但这样一来，我就看不出你怎样能够说服他们在一星期内以小批量交货了。"

好极了，嘉露在想，他已经进入障碍那类"对，但是"了。如果我能够剥离这一层抗拒，我就成功了。

"爸爸，你说得对。"嘉露说，"如果我要求罚款，我就无法说服他们跟我们合作了。"

恒莱说："坦白地说，他们愿意跟我们在小批量上合作，我实在感到惊奇。你说在过去 3 个月，所有大供应商都愿意跟我们合作，对吗？你是怎么做到的？你是怎么说服他们的？"

"是你把我带入正确的轨道，开阔了我的眼界，让我看到一个事实——跟我的信念相反——抗拒改变并非人们的性格使然，而在于他们如何评价一项建议中的改变，看看它对他们是否有利。淮德和我曾就此长谈过，我们了解到，评价一项改变时，人们不仅着眼于山顶的一桶金，他们还会考虑爬山带来的痛苦，更重要的是，他们也会考虑不改变的正面和负面效应。这是指，如果他们不改变，就会遇到咬掉他们脚指头的那条鳄鱼；如果他们爬山，就会失去水里那条美人鱼。"

看到爸爸的表情，她笑着说："请原谅我用的比喻。问题是，人们会考虑改变和不改变的正面及负面效应，然后衡量改变所涉及的四个要素各自的风险，这之后，他们才会选择拥抱改变与否。如果动动脑筋，就不难找出错误的连结，那些扭曲四个要素的任何一个因果关系连结。基本上，要人们拥抱改变是不太难的，当然，前提是那项改变对他们来说是好的。"

恒莱说："你就是用这个方法成功地说服大家采用淮德的方法的，你改变一家像我们这么大且保守的公司，而且你进行得那么迅速和顺利，我也感到惊奇，的确非常出色。"他对女儿的成绩引以为荣，这份骄傲感他没有想掩饰。"听来你已经开发出一种非常有效的工具了。但是，回到供应商的问题吧，你有什么解决他们不可靠性问题的建议呢？"

"我要他们成为我们的合作伙伴，要他们彻底改变纺织品供应商和零售商之间的传统关系。让我们把他们那桶金加大，而不是以罚则来增加他们的痛苦。如果他们能够准时交货，就让我们给他们奖金，这样也保障了我们的利益。"

"办到他们承诺的事，就可以拿到奖金？"恒莱问。

她回答："我正忙着计算，如果我们能完全信任我们的供应商并降低库存，我们的利益将是多少，不小啊。而且，这将打开我们对市场的新视野，它将改变风险和回报的比率，令我可以切实考虑打进时尚货品市场。我一直在玩相关数字，希望借此鼓舞自己快点找到解决方案。但此刻，由于你的评论，我看到解决方案就在这当中，我们的收益将是如此巨大，我们有能力发奖金给表现出色者。"

"就让奖金跟我们的表现直接挂钩。"恒莱提醒她。

"跟他们有否协助我们改善表现挂钩。"她推论，"他们的奖金会跟我们的库存周转率（他们供应的产品那部分）成比例。"看到她的父亲不作回应，她继续说："当然，要获得奖金，他们的准时交货率在过去三个月不能低于95%，这样，他们必然拒绝其他客户要求他们优先处理订单的要求。"

恒莱不费几秒就做出判断，"说实话，如果这次谈话一开始你就向我宣布供应商奖励计划，我会认为你是疯了，但现在你向我展示了那些导致你产生这个想法的因果关系连结，我必须说，这真的很有创意。"

他站起来，走到他的女儿身旁，亲吻她的额头。

"现在你已经找到我找了 40 年的解决方案，就像摩西在沙漠中那样。"恒莱热情地微笑着，"你还怀疑你是否适合坐上我的椅子吗？"

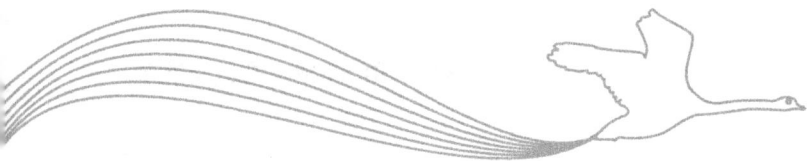

第 25 章

寻找投资者

Isn't It Obvious?

四个孙子同时唱光明节歌曲，恒莱和丽迪雅感到无比自豪。大伦的双胞胎锐安和尚恩有可爱的声音，金发表姐丽莎也是，而声音正在变化中的宾恩正以最低音唱，这点没有人感到奇怪。

表演获得大家的欢呼，淮德和嘉露拿出陀螺和金色包装的巧克力硬币，恒莱一家开始坐下来玩牌，而恒莱拍拍大伦的肩膀。

"可否到书房谈谈？"

大伦在皮革沙发上坐定，准备迎战。他想，每次父亲单独见他都是唱老调而已，老头子会说他离开汉娜零售集团是大错特错，而这一次，有了惊人的数字，他的风凉话将令人无法忍受。大伦发誓，要尝试并控制自己的脾气。

恒莱在大伦对面坐下来，问："儿子，你怎样评估公司的未来？"

起码问题的语调是欢快的，大伦认为。他小心翼翼地说："我认为，公司有一个踏实的开端，淮德和嘉露的举措将把汉娜零售集团商店改造成独树一帜的企业。"

"嗯……"恒莱回应。

"爸爸，过去十年，我已掌握了相关的知识，懂得如何评估公司，淮德和嘉露协助我进行了深入的考察。我的专业意见是，你不必担心，这对夫妇在实施他们的新构想时很可能遇到无数困难，但他们的构想是正确的。他们具备了所有必需的条件，不到一年时间，公司在家用纺织品零售上的表现将创新纪录，利润、库存周转率、每平方米的 SKU 数目、现金流……每个参数都如此。"

恒莱没有回答，只是继续露出忧心忡忡的样子。

大伦不知道说些什么才好，只好继续说："在一年内，公司将有一个跳板，一跃成为真正的大公司。"

"跳板，"恒莱重复着，"你说跳板，是指什么？"

又来敲问了，大伦想。不可胡说，但要礼貌地回答他的问题，很快就会完事了。他大声回答："作为一个风险投资家，我受过训练找出已成功地建立决定性竞争优势的公司。但是，任何竞争优势只给一家公司一个有限的时间窗口，或迟或早，竞对手必将赶上来，真正的商业智慧是尽量利用你的竞争优势，当它还存在的时候。"

恒莱眯上眼睛，问："你认为，汉娜零售集团已经有或很快会有这样的竞争优势？"

"毫无疑问。"大伦说，"我也相信，因为它是源于对最根本原则的挑战，它会持续数年。竞争对手最难模仿的是最根本的改变，这大概需要他们花 10 年甚至 15 年的时间。"

"而你认为汉娜零售集团在时间窗口内应该怎样做？"恒莱问。

"利用它，扩展。你花了一辈子才把公司从一家小店发展成为覆盖东南部的零售集团，这个罕有机遇应被尽量用来加速公司的戏剧性发展。"

令大伦大感惊讶的是，恒莱说："我同意，那么，在 10 年之内，我们应该覆盖整个国家？"

大伦决定冒险表达他的心声："有了这个显著的优势，只考虑美国，是坐失良机，我会说，目标应该是全球扩展。"

房间内突然一片沉默，大伦预料会有强烈的反应，或者至少有父亲以审慎为题的一通教训，相反，恒莱很平静地说："不管汉娜零售集团何等赚钱，这样规模的扩展是不可能以内部财政来源来支撑的，你是否想说服我让投资者进来？"

"这样做有何作用？"大伦回答，"你永远不会同意出售公司的股份的，甚至一股也不行，也不会冒公司债台高筑的风险的。"

"正确。"恒莱坚定地说。但令大伦惊奇的是，他继续说："这是否意味着我们应该忘掉你所说的什么罕有机遇、显著优势？"

"这是大错特错的。"大伦果断地说。

"那么？"

大伦想：他在挑衅了。好吧，来吧。他冷冷地说："还有其他方法筹集资金。"

"我也是这样想。"恒莱说。大伦愕然，他继续说："你认为可否搞特许经营（franchising）？"

大伦几乎跳起来了。"爸爸，你是说真的吗？"

"是的，你是否能够审慎地草拟一份相关文件呢？"

大伦呆了一呆，说不出话来，只懂得点头。

恒莱问："你需要花多少时间？"

"这件事很费时，起码要六个月。"

"好。但是，儿子，我们有一个更大的问题。"恒莱站起来，为彼此各倒了一杯酒。"大伦，我把人分成两类，一类人以某种指标来衡量自己；另一类人根本不理会其他人的成绩，而是根据他们所在环境的固有潜能来衡量自己。"

他停下来，打算让大伦发表评论。大伦确切地知道他的父亲在说什么，这也是他的工作最令人沮丧的部分。许多公司寻找投资者，但其中大多数并不具备他要求的条件，它们没有潜能获取高回报，或者投资于它们身上的风险实在是过大了。至于那些真正的机会——具有巨大潜能的公司，它们的问题是，它们将自己跟某些标准作比较，结果是，它们很满意自己的既有成就。它们干得不错，比竞争对手好多了，因此很难甚至不可能张开它们的眼睛，看看更远的世界。它们也不知道自己已建立的固有而踏实的潜能其实可令它们的成就更高，把它们已获得的成绩远远地比下去。

"我明白。"大伦向父亲保证，"你怀疑嘉露和淮德是第一类人？他们对自己迄今已创造的一切将感到很满意？我认为你是低估了他们。"

"真的吗？"恒莱语带讥讽，"儿子，想象如果你告诉妹妹，说无论他们会拿到什么成果——盈利排行榜之首、成为行业的标准等，所有这些只不过是……你刚才用了什么字眼呢？只不过是一个跳板而已，你认为她的反应会怎样？"

大伦的表情显示他认为这是一个修辞学的问题。

"那么，你同意现在就这件事去紧逼他们是没有意思的。"恒莱说。

"而且，根本没有办法动得了他们，"大伦说，"除非他们能够清楚地看到快速扩展所需的资金从何而来。"

恒莱笑了，"快速扩展？更像爆炸吧。儿子，当时机一到……"

"我们应该不会等太久。"大伦插嘴，"根据我的经验，我可以告诉你，除非他们被当头棒喝。他们只有当竞争对手赶上来了才会开始有所行动的，但那时已太迟了。"

"儿子，当时机一到，"恒莱重复着，"不便由我来出手推动这件事。如果有一个方法可以肯定能搞垮一家公司，那就是我退休后仍然作为一个后座司机指指点点。你明白球将滚到你的一方吗？"

大伦一饮而尽，深深地吸了一口气，说："不用担心，我希望并能够说服他们。"继而他笑容满面地说："当然，我还要安排特许专营事宜，以及尽我本分。"

恒莱站起来，说："想到这么多年来我一直确信你做出了错误的决定并自毁前程，来吧，儿子，让我们回到家人那里，我想在你的母亲面前向你道歉。"

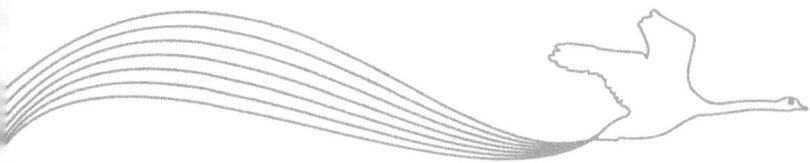

第 26 章

向全国、全球进军

Isn't It Obvious?

大伦走进嘉露的办公室。

"真有趣，我以为你会将爸爸的办公室大装修。"他说。

嘉露和淮德笑了起来，自从她一年前接任董事长职位，没有一件事物是保持原状的。

"我带了礼物来。"大伦说，一边放下一个纸盒容器，内装三杯咖啡，杯上刻了一个著名品牌的标志。"黑咖啡给淮德，哥伦比亚咖啡给嘉露，新的意大利什么的给我。"

"麦飞可以为我们泡制咖啡。"嘉露说。

"我知道。"大伦回答，面带笑容。"但这是很好的咖啡。"

他们寒暄了于孩子们的故事后，淮德说："好吧，言归正传。你就扩展一事想见我们，我准备了所有相关报告让你审阅。正如你可以看到的，在过去一年里，我们的扩展速度是任何竞争对手的双倍，我们刚完成第三个新的区域的初步工作。"淮德显然对成就感到自豪。

"很棒。"大伦说，但不翻阅报告。"可这不是我来这里的原因。"

"什么？"嘉露问。"你明确表示过，你希望开个会跟我们讨论公司的扩展。"

"是的，是的。"他回答，"要讨论的是你应该执行的扩展，而不是你打算采取的蜗牛速度。"

"我们行事的速度是竞争对手的双倍！"淮德扬起他准备的报告，"一年内两个新区域，在我眼中，将所有竞争对手甩开就可称为快速。"

"你们的赚钱能力是竞争对手的三倍，商店的库存周转率是它们的六倍。"大伦反驳，"但淮德，为什么将自己跟竞争对手比较呢？为什么不集中精力做对集团有意义的事？"

"他说得有道理。"嘉露在淮德反驳之前开口，"我们并不是以看竞争对手怎样做来设计汉娜零售集团新的运作方法的。"看到她的丈夫表示同意了，她转向大伦，说："好吧，由最高层次开始，请。"

"汉娜零售集团有相当大的优势。"风险投资家大伦说，"应该在竞争对手尝试赶上来之前充分利用，我们可以而且应该迅速扩大集团的覆盖面，为此，我们需要资金。现在，在你开始攻击我之前，我要说我同意我们不应该引入外来资金，无论是投资者的资金还是贷款，也不应抵押家族的资产。"

"爸爸的一条规则是，你有的就是你现在拥有的。"嘉露引用。

"关于扩展，这就是我们迄今的做法。"淮德解释，"我只考虑我们产生的资金。当然，随着我们的发展，我们也必须增加我们的现金储备。还有，大伦，无论机会有多诱人，嘉露和我都不想冒过大风险。"

"我也不主张这样。"大伦向他们保证，"但在讨论扩展速度之前，你们是否介意花几分钟时间讨论一下资金到底做何用途呢？"

"这还不够明显吗？"嘉露问。

"你看到了吗？嘉露，他手中有王牌。"淮德问，"好吧，大伦，为了扩展，我们需要资金来进行基础建设，以及开设商店。"

大伦立即抓住话题。"在商店层面，你们已缩减了头号开支，我们需要花的只是库存传统投资的极小部分，你们已大幅减少了区域仓库库存所需的投资。"

"大伦，"淮德开始觉得不耐烦了，"很大部分的钱用于广告，不要自欺欺人了，对一个地区来说，我们的确是一个品牌，但想扩展，这还远远不够，甚至想在邻近州扩展也不行。今年，仅为了两个新的州，我就已拨了庞大资金建立我们的品牌。"

"我正想谈这一点。"大伦笑了。他建议："但是，也许有其他方法建立你的品牌。"

"例如什么？"淮德喝了一口他的大学室友带来的咖啡。

"我有所发现。"大伦报告，"你在一小块地方同时开许多商店，然后'砰'的一声，你就有了品牌了，一毛钱广告费也不用花，真厉害！"

"那么，你的厉害主张就是，我们应该把手中微薄的资金一下子用光以省下广告费？"嘉露问。

"谁说这是可行的？"淮德问，"假设我们开了这批商店，因为我们没有足够的宣传，它们通通倒下来了，那又怎样？"

"你要证据证明这是可行的？"大伦笑着问，"看看你手中正拿着什么。"

"咖啡？"嘉露问。

　　"对，嘉露。"淮德说，他明白大伦的意思。"看看杯子上的标志，还记得这家咖啡公司如何开设它的商店吗？——一夜之间，7 家，就在迈阿密市中心，完全没有广告，它实际上把所有竞争对手都赶走了。"

　　"好吧，我明白，但尚未完全认同。"嘉露说，"回到我先前的问题吧，我们从哪里找到这么多资金来快速开设这么多商店？我了解你够深了，我猜想，你要我们一年开设起码 10 家甚至 20 家店。"

　　"谁说你需要资金？"大伦答。

　　"你开设一家商店。"淮德说，"你租一个铺位、装修、聘请员工、投资货品，要花很多钱啊。"

　　"这些我都知道。"大伦回答，"但谁说这必须是我们的钱呢？我们可以以我们的品牌进行特许专营模式运作，这样，我们可保住对连锁店的控制而不需要抵押任何资产。"

　　"但是，为什么会有人同意成为汉娜零售集团的特许专营者呢？"嘉露问。

　　"我不信任特许专营者会好好经营一家商店，他们肯定不会用上我们的方法。"淮德说。

　　"我还要躲避你们的多少'炮弹'？"大伦玩世不恭地问，"我们是同一阵线的，还记得吗？"

　　嘉露笑着回答："证明给我看。"

　　"你们有没有听说过夹层融资？"看到他们一脸迷茫，大伦继续说："我相信你们听过，这是很多保守但世故的投资者选择的渠道，这些人不愿意承担投资于证券交易所或新成立的公司所带来的风险，但他们要求的回报要比差劲的债券高很多很多。"

"我听得懂。"嘉露评论。

大伦继续说："他们不想花时间和金钱来做深入研究，不想参与公司的经营，于是他们寻找渠道，把他们的钱借给扎实的、有良好业绩纪录的公司，收取大概 25 厘的息率。他们不要求抵押品，相反，他们的信心来自有权将贷款转为公司所有权或股权，如果贷款没有按时还清及还足。"

"你不是在开玩笑吧？"嘉露尖锐地问，"我们不要贷款，也绝不愿意在任何情况下给予公司的股权。"

"妹妹，请你相信我一次好不好？我无意搞夹层融资，我只是想让你了解这类投资者的心态，他们实际上追求的是什么。"

"请继续，"淮德说，"我相信我明白你的意思。"

"对不起，大伦。"嘉露道歉，"你令我大吃一惊，我明白了，请继续。"

大伦笑了，慢慢喝完他的咖啡，然后继续说："你知道一家家用纺织品零售店的增量投资回报率是多少？"

"我不知道。"嘉露回答说，"我们知道一个集团的投资回报率，一家商店的就不知道了，但我们可以做一个粗略的估计，一家出色的家用纺织品零售商的销售利润率大概是 6%，而一家商店的库存周转率大概是一年三次，把所有一般因素一同考虑，一家商店的投资回报率应该在 15%左右。"

"我的估计也是这样。"大伦评论,"而你认为汉娜零售集团的一家商店的增量投资回报率是多少呢?"

"我知道。"准德说,脸带灿烂的笑容。"我知道你牵引我们做此推论,我们在每家商店的投资大概是正常标准的一半,我们的利润高出其他人约三倍,我们的投资回报率肯定超过 100%,对任何正在寻找 25%投资回报率的人来说,这几乎好得令人难以置信。"

"你不是提出了好得令人难以置信的提案了吗,尤其是向保守的投资者?"大伦说,"如果投资者的钱是投资于一家扎实的公司的商店,汉娜零售集团有着超过 50 年营运历史、零债务及上佳的声誉,当然是扎实的。而且我们有 100 多家商店的统计数字,每家商店每年都有超过 100%的投资回报率。在商店的利润瓜分上,投资者是排第一位的。在公司之前,他每年得到的份额将是他在汉娜零售集团的一家特定商店的投资的 30%。把这一切作为背景来考虑,投资者还用担心每年拿不到他投资的 30%吗?"

"让我确保我的理解没有错。"嘉露小心核查,"投资者将投资于一家新的商店,万一出现很罕见的情况——商店的利润低于他的投资额的 30%,那么,他不能向公司索取赔偿,只能索取该特定商店的资产。"

"非常准确。"她的哥哥说,"而汉娜零售集团有一个选择权,可在几年后以预先确定的价格购回投资者的投资。"

"那就不是特许经营权模式了。"淮德评论道。

"每家商店都有了外来投资者,从这点来看,你不用投资于商店,仅用投资于基础配套设施。"大伦说,"考虑到你不用为区域仓库库存做大量投资,汉娜零售集团将有足够的现金每年扩展至许多新区域。"

"我们必须将商店群集以降低广告开支预算。"淮德重述,"但我最喜欢的是操作完全由我们控制。"

"每家这样的商店要有自己的账目。"嘉露说。

"对。"淮德同意,"但从积极的一面看,我知道很多商店经理很高兴能够得到他们管理的商店的股权。"

听着妹妹和妹夫一来一往地发表意见,大伦知道他的任务已经完成了,他俩现在正忙于说服他们自己。

"这点很重要。"嘉露说,"它为我们提供了一个很好的晋升渠道,尤其是如果我们迅速扩展。"

"让我告诉你,对优秀的商店经理来说,这是从天而降的礼物。"淮德报告,"知道你的商店中有七人对你的职位虎视眈眈,丝毫都不好玩。目前,我们有很多有才能的部门经理和店面经理在公司内并无出路,这个安排不仅为他们提供了一个真正的晋升选项,还可作为一项激励,令其他员工努力工作。"

"这大概是正确的前进之道,当然,还有许多细节需要敲定。"她转向大伦,然后说:"在我全盘考虑这个想法之前,有一个问

题，我需要你的答案，我们不知道怎样做——怎样找投资者，怎样就交易进行谈判，合同中应该有什么、不应该有什么，我们需要你的协助。"

"不用担心，我亲爱的妹妹。"大伦的笑容像嬉皮笑脸的柴郡猫那样，正如当天早上他告诉父亲的，他已设计了所有要项。"我极乐意提供服务，收费按我的通常标准。"

后　　记

Isn't It Obvious?

从阁楼顶层望出去，景象的确令人惊叹。淮德看着圣保罗市的灯火，连绵不绝，伸展至远方，加上清凉的微风，把巴西投资者之夜舞会几乎变成奇迹。轻快的森巴舞曲奏起了，谈话的声音在里面也可以听得到。

淮德突然听到大伦的声音："那么，宾恩决定了他的下一步了吗？现在他完成他的学位课程了。"这位纽约人走出阳台，一杯香槟在手。

"我必须告诉你，这个年轻人一定有点不对劲。"淮德开玩笑地说，"他投身汉娜零售集团，要求慢慢从公司基层爬上去，学习基本功。"

"你一定引以为荣。"大伦注意到。

淮德微微一笑，他的妻子也来到阳台，加入他们。

"啊，动力双宝，你们在这儿。"她说，"我想跟你们聊一聊。"

就像爸爸那样，大伦想，业务总是第一，我猜想无论身在何处，都是这样。

"现在，一切都进行得如此顺利，我想提出一个困扰我好一段时间的问题。"她一边说，一边在板凳上坐下来。"大伦，你已成为很有分量的特许经营专家了，是吗？"

"我想是的。"她的哥哥耸了耸肩，假装谦虚，"屈指一算，我已成功进行特许经营的地区有美国、加拿大、欧洲、中国、澳大利亚和如今的巴西，我想我已经成为行业专家了。"

"那么，为什么你在汉娜零售集团以外还是不怎么活跃？"

嘉露问。"我是指，为什么你不在其他行业运用你的知识？"

大伦倚着栏杆，回答说："我监督扩展计划已经九年了，亏你现在才问？"

"嘉露问得好。"淮德说，一边在妻子身旁坐下来。"我的意思是，我们从来没有想阻止你在其他地方运用我们的方法。"

"我也说不清。"大伦说，表情有点不自然。"我从来没有找到合适的机会。"

淮德听来，觉得有点不对，他对大伦的了解比这个深入多了。"九年当中，真的一点机会都没有？"他问。

"我尝试过。"风险投资家承认，"但是当我接触客户并提及即使只是你们开发的方法的一部分，他们就说，我应该聚焦于投资，操作的事情由他们来管。我要说服最高管理层，唯一的方法是收购那家公司。但是，这样做是没有意义的，因为我肯定会被卡住，因为我不知道如何说服中层管理人员。"

"我能理解你的挫折感。"淮德说。

"我看到潜力，以及它如何被白白浪费。"大伦继续说。"这些概念可发挥的空间是那么大，我们可完全买下多个零售集团并在一两年内将它们升值 10 倍，我可以令巴菲特汗颜。"

"那么，你的意思是，你需要一个操作专才在你旁边，布局才完整，对吗？"嘉露问，"像淮德。"

淮德和大伦都不相信嘉露的说法，难道她建议淮德离开公司？

"亲爱的，"淮德问，"你在说什么？"

嘉露握着她丈夫的手，说："淮德，你是个令人惊奇的人物，我爱你，从这里一直到迈阿密，但你现在变得令人难以忍受了。"

"什么？"淮德感到惊讶。

"无论我们到哪里，你不断发现问题。"她回答，"像你为宾恩去买那件投手衬衣，他们缺货，你因此教训柜台后那个年轻人一顿。"

"四分卫衬衣。"淮德喃喃地说。

"不管什么。"她补充说，"或者，当我们买我喜欢的眼线笔时，你就陈列品必须经常齐备以及他们必须每天订货等事宜，对那个可人的女士喋喋不休。"

"但是，这些都只是因为他们可以做得更好，而且做到并不难。"淮德激烈地争辩，"他们不需要一个水晶球，也不应等待他们的水管爆裂，为什么不现在就把事情做好呢？"

"明白我的意思吗？"嘉露转向她的哥哥。"我再也不能带他到任何地方去了。"

"不要介意这个了。"淮德继续说，"我们紧密合作，我们是一个好团队。"

"这并不意味着我需要处处阻止你，剪断你的翅膀。"嘉露说，"你感到很沮丧，因为你看到我们的方法其实是可以在其他领域实施的，把你锁在家用纺织品业内是自私的行为，我不能这样对你。"

当然，她是对的，淮德明白，而这也是他内心的愿望。嘉露提起此事，他十分赞赏，她的举动令他说不出话来。

幸运的是，大伦说话了："现在你已经解雇这个臭男人了，你要我和他合伙？"

"你会甘心让别人抓到他吗？"她问，"想想看，你俩在一起，可以拿下任何领域——体育用品、电子产品、化妆品，你有什么便是什么——并为它们做你曾为汉娜零售集团做的事情。毕竟，大伦，是你向我们表明了——你必须更恢宏、更好地思考，以及要成就更多，即使你已在领域之巅，即使当时看来几乎不可思议。现在，没有什么事情阻挡着你了。"

淮德微笑着举杯祝酒："只有天空才是极限。"

"不，"大伦笑了，他和淮德碰杯，"连天空也不是极限了。"

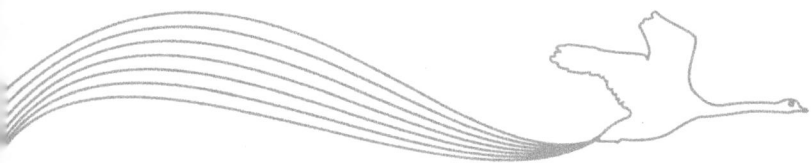

零售的聚焦五步骤

Isn't It

Obvious?

由于《目标》这本书的场景是工厂，许多 TOC 的追随者都将一切制约因素（constraint）等同瓶颈（bottleneck），即负荷最重的资源，它的产能（capacity）限制了系统的有效产出（throughput）的增长。这个错误的理解令他们无法在非生产环境中找出正确的制约因素，希望这本书能一劳永逸地纠正误解，其实零售的制约因素跟任何类别的资源的有限产能扯不上丝毫关系。

第 1 步：找出系统的制约因素

零售的制约因素是：进入一家商店的人数。

如果进入商店的人数增加，销售将会增加。进入商店人数对商店销售额（有效产出）的决定性影响，威廉·迪拉德（William Dillard）的名句"位置，位置，位置"表达得最透彻了（他由一家商店发展至超过 350 家）。这个认识也就成为所有零售促销活动的基础，这也是零售商期待某些特别时令（如圣诞节前）的理由。

第 2 步：决定如何挖尽系统的制约因素的潜能

很多会议、研讨会和文章的主题都正确地围绕着这个课题，适当地选择货品、适当地定价、适当地陈列货品，这一切都对一家商店如何挖尽制约因素的潜能有重大的影响，即诱使人群进入商店购物，难怪在这些方面的决策是至关重要的。

遗憾的是，尽管大家都知道如果顾客找不到所需货品，交易是无法完成的，但零售几乎完全看不见一个事实：为了加强制约因素的挖尽而做的所有其他努力，会被一个支配性因素毁掉——零售看不见缺货的幅度及其影响（请看第 8 章）；而且，他们也没有充分明了过剩对挖尽所造成的沉重打击——这是指由于过剩引发现金流及货架空间紧张而产生的间接影响（请看第 14 章）。

第 3 步：其他一切迁就以上决定

一如生产环境，零售的问题源于没有做好迁就。跟生产一样，零售沉迷于局部效益，醉心于令供应链更有效率，而不是更有效。

在生产中，这体现于将订单提前生产，在零售业，这体现于将货品往供应链下游推（请看第 18 章和第 23 章）。对局部效益的追求会将生产和零售都推向以成本为主导，千方百计在采购及货品运输上节省成本，这导致大批量采购，令下游的有效产出蒙受大十倍的损害，而对如何引导供应链的运作以降低缺货及过剩却不甚了了（请对比第 12 章和第 21 章）。

第 4 步：将系统的制约因素松绑

减少缺货，可提升顾客的满意度，也可大大降低顾客的不满意度；降低过剩，可令货品陈列得更好，也可令销售的产品更多样化；补货速度大大提高，令商店能够根据本地区顾客的实际口味调整货品组合，这些做法不仅令挖尽做得更好，还有利于顾客的忠诚度和口碑，最终导致制约因素的真正松绑——更多人进入商店。

第 5 步：警告！！！！如果前面的步骤已将制约因素打破，就回到第 1 步

在生产中，这是最难的一步，生产运作的改善会令制约因素移向市场，而销售能力的提升又会令制约因素回到生产。每当制约因素这样移动而企业还没有准备好时，企业的表现就会直线下降，这也是在《目标》中（聚焦五步骤就通过该书首次被提出）"警告"二字之后有四个惊叹号的原因。

这种复杂性不存在于以零售为主的环境中，无论我们挖尽制约因素的潜能挖得如何出色，无论制约因素松了多少绑，它都不会被打破的，制约因素永远是"进入商店的人数"，这令零售成为达到表现大幅提升最安全、最容易的环境之一。

本书角色关系表

恒莱	汉娜零售集团　董事长
淮德	汉娜零售集团　佛罗里达州　博卡拉顿滩分店经理
嘉露	汉娜零售集团　采购总管　淮德的太太　恒莱的女儿
大伦	恒莱的儿子　嘉露的哥哥
祁道发	汉娜零售集团　首席运营官

麦飞	嘉露的私人助理
艾娃	淮德的秘书
宾恩	淮德和嘉露的儿子
丽莎	淮德和嘉露的女儿
丽迪雅	恒莱的太太
锐安	大伦的双胞胎儿子之一
尚恩	大伦的双胞胎儿子之一
荔诗	鲁泽的太太
妮琦	鲁泽的女儿
积姬	祁道发的太太

鲁泽	汉娜零售集团　区域仓库经理
渣威	汉娜零售集团　佛罗里达州　博卡拉顿滩分店　部门经理
弗兰	汉娜零售集团　佛罗里达州　博卡拉顿滩分店　部门经理

玛丽亚	汉娜零售集团	佛罗里达州	博卡拉顿滩分店	部门经理
珍妮	汉娜零售集团	佛罗里达州	博卡拉顿滩分店	部门经理
米克	汉娜零售集团	佛罗里达州	博卡拉顿滩分店	部门经理
伊莎贝	汉娜零售集团	佛罗里达州	博卡拉顿滩分店	部门经理
铁登	汉娜零售集团	佛罗里达州	博卡拉顿滩分店	店面经理
加里	汉娜零售集团	佛罗里达州	贝恩顿滩分店经理	
鲍宝	汉娜零售集团	财务助理		
迈田	汉娜零售集团	区域经理		
葛甜	商店经理			
杜伟	商店经理			
穆提	商店经理			
尼克	商店经理			
婍莲娜	商店经理			
迪拉古	商店经理			

辜宝塔	印度供应商　总经理
巴拉典	印度供应商　销售人员
朱莉	佛罗里达时装公司　采购总管
捷寇	鳄鱼之州出版公司　仓库经理
卢耳	商场经理
亚奥	水管匠
利安	利安公司已故创办人
贾森	利安的儿子

持续学习

亲爱的读者：

看完这本书，您可能有兴趣更深入地了解这本书背后的TOC制约法（Theory Of Constraints），我乐意与您分享这方面的知识，让您继续追寻TOC的奥秘。

两步骤：

步骤（1）请先扫一扫右边这个二维码，立即跟我在微信上建立联系，交个朋友，方便您随时找我提问此书的事及您对TOC的任何疑难，并且知悉TOC课程等活动的消息。

微信号wlaw1947

然后，步骤（2），请扫一扫下面这个二维码，进入我为大家组建的"TOC知识宝库"，详细看看它不断更新的丰富内容，包括：视频、电脑模拟器、多媒体学习材料、高德拉特大师的中英文版本TOC著作等，加强您对TOC的认识。

https://bit.ly/2Kjb6Bj

通过以上两步骤，TOC的大门将为您打得更开。

谢谢。

本书的中文版获授权制作人、高德拉特学会 总裁
罗镇坤 谨上

读书笔记

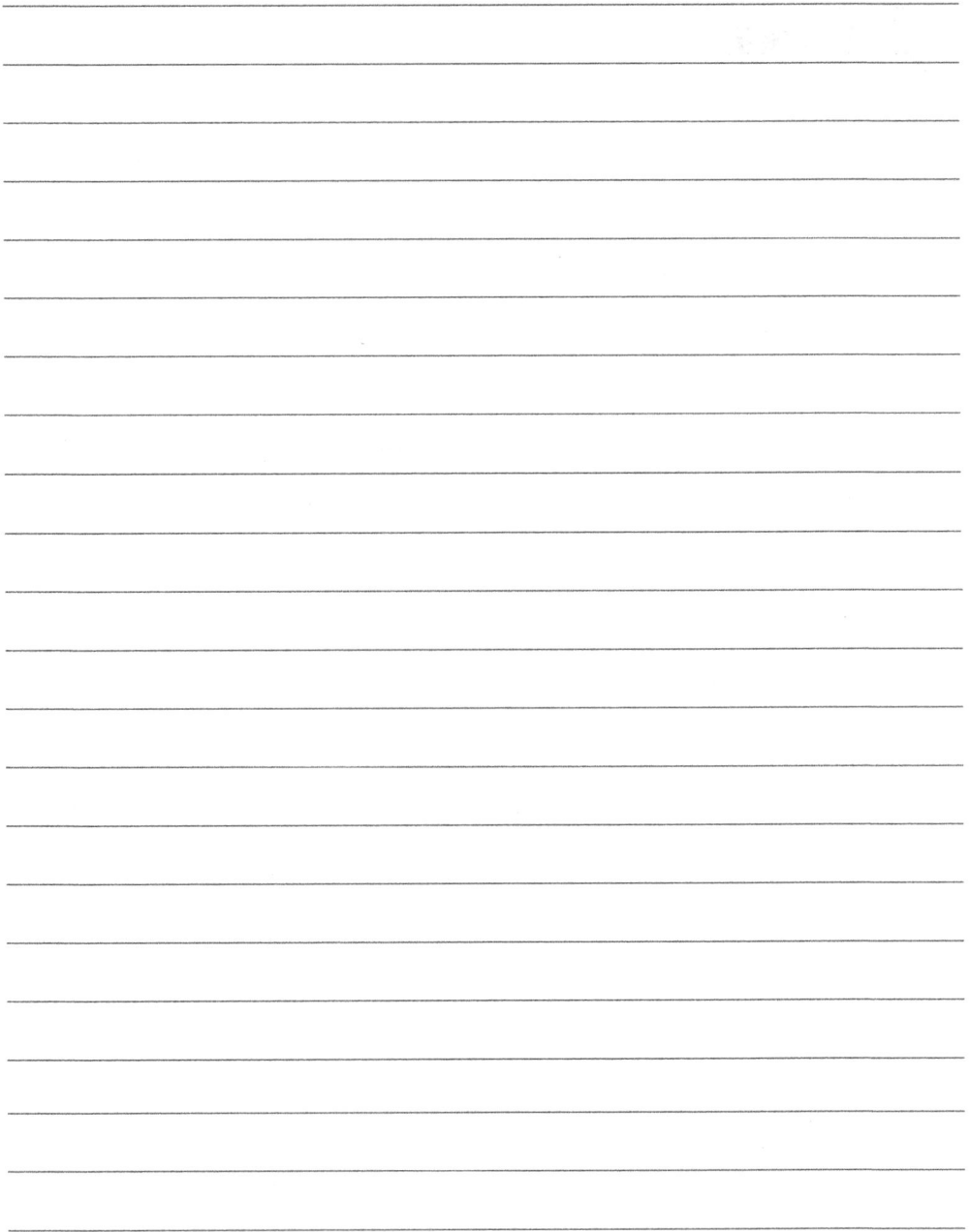

读书笔记

反侵权盗版声明